# Como A Mulher Arruína A Sua Casa

## Milyanna Amorina

WESTBOW®
PRESS
A DIVISION OF THOMAS NELSON
& ZONDERVAN

NTLH - Nova Tradução na Linguagem de Hoje, da Sociedade Bíblica do Brasil (SBB)

All Scripture quotations in this publication are taken from The Holy Bible, New International Version ®. NVI®. Literary © 1999 owned by Biblica, Inc. (TM).

WestBow Press books may be ordered through booksellers or by contacting:

WestBow Press
A Division of Thomas Nelson & Zondervan
1663 Liberty Drive
Bloomington, IN 47403
www.westbowpress.com
1 (866) 928-1240

ISBN: 978-1-4908-6850-9 (sc)

Library of Congress Control Number: 2015901795

Print information available on the last page.

WestBow Press rev. date: 04/29/2015

# Indice

# Introdução

Protegemos a nossa reputação
para assegurar a nossa presença
na vida de alguém.

Mas...para assegurar a presença
de *DEUS* em nossa vida,
protegemos nossas respostas.

## PORQUE?

Por que para proteger a presença
de *DEUS* em nossa vida, não
precisamos de reputação, só
precisamos de santas respostas.

# CAPITULO 01

## <u>O CIÚME</u>

Um dos maiores prazeres de DEUS é dar.

Os seus amigos desfrutam da abundância de sua generosidade. Entretanto, a Bíblia cita poucos nomes de pessoas que realmente experimentaram desse tipo de amizade com o Senhor. Ele ama a todos nós, mas nem todos possuem essa intimidade com Ele.

Uma das razões está no fato de que a natureza de *DEUS* é generosa, **Ele está sempre procurando alguém para dar algo**, *E POR ISSO, NÃO CONSEGUIREMOS ANDAR COM DEUS E AO MESMO TEMPO ANELAR AS BÊNÇÃOS DOS OUTROS.*

Esse desejo CAMUFLADO de possuir algo de outra pessoa parece banal e sem consequências, mas o livro de Jó nos ensina algo surpreendentemente extraordinário sobre essa aspiração escondida a que chamamos de inveja. Note o famoso diálogo no capitulo um do livro de Jó entre o Senhor dos Exércitos e um dos seus anjos; aquele que tinha dificuldade em apreciar os talentos dos outros, o que era cheio de inveja, e pensou que podia driblar ao Senhor mas o Senhor via tudo que ele fazia quando provocava os outros anjos agindo com orgulho e sagacidade. Portanto, ele começou a ficar feio, e de repente o anjo mais lindo do céu estava parecendo um bicho, ou um animal qualquer. A maldade também nos faz parecer como um bicho, uma cobra falante, se arrastando pela vida, e tentando passar rasteira nos outros.

Quando *DEUS* te indagar: "Aonde estás?" ou, "O que estás fazendo?" Você não pensa que Ele já sabe?

O Senhor *DEUS* às vezes demonstra tanta humildade, que alguém pode até pensar que ele é bobo e fraco. Veja a conversa escrita no livro de Jó entre *DEUS* e esse anjo invejoso.

Se o diálogo fosse interpretado na linguagem coloquial de hoje, seria mais ou menos assim:

- Oi Lúcifer, tudo bem?

- Tudo bem.

- Me conte as novidades, que tem feito?

- Oh... o mesmo de sempre, rodeando a terra, andando pra cá e pra lá.

- A Terra... sim... ei... você viu meu servo Jó? O Jó é incrível, nunca vi ninguém como ele, Jó é diferente, ele é fiel, muito dedicado, é....

-E daí? (Interrompeu o anjo espumando de inveja), ele só é assim porque tem tudo na vida, nasceu num berço de ouro, ele não é grandes coisas como pensas... quer ver? Tire tudo que ele tem e veja como ele vira um homem comum e começa a te dar as costas!

- Você acha?

- Claro, ele não é confiável...

- Bem... então tire as coisas dele, eu

gostaria de ver a sua reação, só não toque na saúde dele.

- É prá já...

Leia na sua Bíblia, está escrito em Jó capitulo um.

**Um bate-papo bem parecido com esse, é muito comum entre nós, veja bem;**

"Ô esposa, sabe que o Pastor está considerando a Margarida para ensinar na escola de domingo, ela seria uma boa professor não acha?"

"O que? A Margarida? (Respondeu a esposa enciumada), aquela metida! Tá brincando? A Margarida não tem capacidade nenhuma de ensinar, ela é fingida, e aposto que tem um bocado de pecado escondido.... bla bla bla.

Queridas mulheres, nunca falem como Lúcifer; ele cobiçava tudo, queria tudo pra ele, até o amor de *DEUS* para com os humanos. Essa pretensão foi a queda dele. Porque miramos o que é dos outros queridos? Por que somos orgulhosas? Ou somos orgulhosas e aí cobiçamos? Não importa muito, pois a raiz é a rebelião mesmo.

O orgulho leva à cobiça, mas a raiz é a rebelião.

No caso de Margarida, o esposo estava dando crédito a quem merecia crédito, e a mulher, estava cobiçando aquele crédito.

A cobiça da esposa, a levou a acusar falsamente a irmã da igreja.

Mulheres, em verdade eu lhes digo; **assim como *DEUS*, nenhum homem gosta das mulheres que criticam as outras mulheres.**

Ele não estava dizendo que Margarida é linda, e que a mulher é feia, e que ele quer ter um caso com a Margarida, ele simplesmente estava apreciando algo de bom em alguém.

A cobiça, é o desejo de ter algo que pertence a alguém (*no caso acima, a esposa queria o elogio de Margarida).* Lúcifer queria o elogio que pertencia a Jó, e não suportou aquilo de tal maneira que começou a acusá-lo, e ter prazer em feri-lo.

Se você tem ouvidos, ouça o que estou lhe dizendo. Cinquenta por cento dos casamentos se dissolvem, e a maioria desses casamentos são de pessoas que se dizem cristãs, vão à igreja, pensam que podem ter qualquer atitude ruim, e os maridos vão perdoá-las, vão entendê-las, e vão amá-las para sempre, pois são cristãs, e o que *DEUS* uniu, não separe o homem. Isso tudo é verdade, mas, na realidade, **a mulher invejosa derruba a sua própria casa**.

A Psicologia explica um fenômeno que acontece na mente do ser humano. É assim; quando vemos alguém cair, sentimos um abstruso prazer, como uma confirmação de que não somos tão mal assim. Isso é a nossa carne egoísta. Mas está escrito em Gálatas 5;16-25 NTLH que devemos deixar que o Espírito de Deus dirija a nossa vida, e que não precisamos obedecer aos desejos da natureza humana. "Se incline para o Espírito e você não satisfará os prazeres da carne. Deixem com que o Espírito guie o comportamento de vocês. Assim não satisfarão os maus desejos da sua natureza pecadora. Pois, o que a nossa natureza pecadora deseja é contra o Espírito, e o que o Espírito deseja é contra a nossa natureza pecadora."

Quando seu companheiro apreciar alguém, aprecie com ele. Se for uma mulher bonita, aprecie a mulher bonita sem ficar com raiva dela quando você não tiver o que ela tem.

Vou lhe dizer uma coisa... *a mulher que sabe apreciar a outra, é uma mulher rara e digna de respeito.* O seu companheiro sabe disso, e percebendo a sua atitude, ele será incapaz de ser infiel, e lhe dará todos os elogios que pertence a você (e não a outra pessoa).

Com a ajuda do Senhor Jesus Cristo de Nazaré que deu a vida pelos nossos pecados, e ressuscitou dos mortos, e está à direita do Pai... com a ajuda Dele... e do Espírito Santo, tire a cobiça e a inveja do seu coração. Não dê lugar a essas coisas pois como Lúcifer foi separado de *DEUS*, assim o seu companheiro se separará de você (de modo diferente).

Ao invés de destruir a casa almejando as coisas dos ouros, inclusive elogios, beleza, qualidades, o que quer que seja, seja você a mulher rara e incomum que constrói a sua própria casa, e não a derruba com suas próprias mãos.

**As vezes *DEUS* pergunta: Você já percebeu fulana? Estou pensando em abençoá-la, o que você acha?** Outras vezes Ele nos pede para abençoar alguém. <u>A maioria das pessoas falham esse teste</u>. Se a maioria passasse, o mundo seria divino.

PARA QUALIFICAR-SE NA PRESENÇA DE *DEUS*, TEMOS QUE TER O MESMO CORAÇÃO altruísta DE ABENÇOAR AS PESSOAS

Tanto tempo depois, e a crucificação de Jesus se baseou no mesmo sentimento de inveja; veja o que está escrito em Mateus 27; 17-18 NTLH - Então, quando a multidão se reuniu, Pilatos perguntou: — Quem é que vocês querem que eu solte: Jesus Barrabás ou este Jesus, que é chamado de Messias? Pilatos sabia muito bem que os líderes judeus haviam entregado Jesus porque tinham inveja dele.

...Pilatos disse: "Quem vocês querem que eu liberte, Jesus Barnabas ou Jesus a quem é chamado de Cristo: (Pois ele sabia que o motivo dos acusadores era a inveja).

## Inveja é Medo

## Medo de Perder

A cobiça, a inveja, e o ciúme, andam de mãos dadas. O dicionário define o ciúme como ter medo de perder o amor de alguém. No caso acima, a esposa temia a perda do amor do marido, por que ele elogiou uma mulher, então ela cobiçou esse elogio, e sentiu ciúmes.

Sendo que sentir ciúme é sentir medo, então o ciúme é devastador, pelo fato de que, como a Bíblia explica; aquilo que tememos, acontece, portanto, Gideão foi instruído em Juízes 7;3: "Quem estiver com medo volte..."

**Jó 3;25 NTLH**

**"Aquilo que eu temia** foi o que aconteceu, e o que mais me dava medo me atingiu"

O medo, e a fé, são Gêmeos: um bom e um mau. <u>A fé acredita e enfatiza que algo que desejamos com certeza vai acontecer.</u> <u>O medo acredita e enfatiza que o pior vai acontecer.</u> A mente fica pensando: "Isso ou aquilo pode acontecer, acho que tem muita probabilidade que vai acontecer, menino, isso pode ser que aconteça mesmo, ai ai ai, isso vai acontecer, oh não isso vai acontece, isso vai acontecer.... Já está acontecendo, e <u>aí, acontece mesmo</u>.

Esses sentimentos se desenvolvem dentro da gente, começam com uma possibilidade, uma semente pequenina, um pensamento...

Por exemplo; quando nosso companheiro olha para outra mulher, imediatamente pensamos: "ele acha ela bonita, ele vai se apaixonar por ela, ela é mais bonita que eu, ele vai me trair com ela, aiiiii...seu cafajeste...", e aí a loucura e as acusações começam. O homem fica irritado e magoado, e começa a tratar a mulher diferente pois ele está irado com as acusações. A mulher percebe a reação dele mas ela não sabe como ele se sente tão ferido pela falsa acusação dela. Ela vê a reação dele como a prova de que ele realmente não gosta mais dela e está indo atrás de outras mulheres.

*O remédio pra isso é simplesmente trocar o medo (a esperança de que algo ruim vai acontecer), pela fé (a esperança de que algo bom vai acontecer).*

Então, da próxima vez que a semente do medo quiser se acostar, imediatamente retire ela de sua mente, pois o que tememos corre atrás de nós.

Comece a pensar e a esperar que o seu companheiro se apaixone ainda mais por você, tenha fé (esperança, certeza, de que ele é fiel, que ele é incapaz de traição).

Ocupe a sua mente com pensamentos altos, memorize filipenses 2.

*É uma disciplina mental que trará imensos resultados prazerosos.*

Quando você começar a duvidar do seu companheiro, lembre-se de que a pior coisa que você pode fazer é acusá-lo, e a melhor, é orar.

Em Êxodos 34;14, a palavra ciúme é mencionada para descrever o que *DEUS* sente sobre nós no conceito de ser o protetor. O "Ciúme" é dos nomes de *DEUS* pois Ele tem um acordo conosco, e Ele não vai tolerar que façamos o mesmo acordo com outros. O teu criador é o teu marido, mas a palavra em Hebreu usada em Oseias 2 é "Ish". Esse termo deve ser entendido e apreciado como a imagem de um dono, rei, possessor; por isso muitas vezes a palavra ish é traduzida como marido.

Sumarizando: O ciúme é uma força negativa que atrai exatamente aquilo que tememos. Como combatê-la? *....Imaginando como você gostaria que fosse.*

***** *DEUS é o nosso marido* *****

# CAPITULO 02

## <u>AS MENTIRAS</u>

*... Em tudo dê graças, porque você minha amiga, não conhece o inferno maior de que DEUS está te livrando.*

No jardim do Éden, depois das mentiras da enigmática criatura, a serpente, que se fosse um animal qualquer Eva teria se assustado e corrido para bem longe da estranha criatura falante, a não ser que os animais pudessem falar naquela época. Aquela criatura linda que andava, falava, e enganava, tinha o nome de serpente, mas como nunca o vimos antes, quando alguém pronuncia esse nome "serpente", pensamos no que ele se tornou, não no que era antes. Não houve entre o bem e o mal nem uma grande guerra, nem uma pequena batalha. Não foi preciso a intervenção de milhares de anjos, o tocar das trombetas de combate, ou o buscar ajuda do exército celestial, pois *DEUS* simplesmente, olhou aquele animal falante, e (na linguagem de hoje, e expressão cotidiana), disse, "A partir de hoje você vai se tornar tão feio quanto a cilada que você armou, e como bônus, vou trocar suas pernas pela sua barriga" (essa é a minha interpretação, claro). Não há nenhum indício de luta entre *DEUS* e as trevas. <u>*DEUS* Simplesmente disse, e aconteceu</u>. O que Ele disse? "De hoje em diante você não vai mais andar com suas pernas, mas com sua barriga". Naquela hora, *DEUS* poderia ter destruído a chamada serpente, que por sinal, antes de perder as pernas e se tornar tão horrível e repelente, era uma das criaturas mais formosas que o Senhor já havia feito.

**Os pecados também nos deixam bem feias**.

*As mulheres que agem como uma cobra se tornam uma cobra.*

A beleza exterior atrai o homem por um minuto, mas a mulher que é bonita de comportamento atrai o homem por uma vida inteira.

<u>A mentira nos torna horrível</u>.

Você pode ser uma das mulheres mais bonitas do mundo, ele ficará orgulhoso de você pela sua formosura, mas no momento da verdade, não há beleza que ofusque o engano da mulher.

Se há algo que *DEUS* não sabe, esse algo não existe, pois Ele sabe de tudo. Quem é que pode esconder a verdade do Senhor Onipresente?

Somos imagem e semelhança Dele. Tudo que está escondido será revelado um dia.

No princípio, Adão em um só corpo; era homem e mulher, e para sua companhia, a primeira escolha de *DEUS* foi o reino animal, porem Adão preferiu Eva; ironicamente, até hoje, o homem briga e se separa da mulher, mas o cachorrinho continua sendo seu melhor amigo (estou brincando). Adão gostou muito dos animais, mas ele se apaixonou mesmo foi por Eva. Agora, o que estava nessa costela, não se sabe, o que sabemos é que o homem tem coisas que a mulher não tem, e vice versa – isso é verdade não somente no físico, mas no emocional também.

Uma dessas coisas que o homem tem (pelo menos mais acentuado que a mulher), é o dom divino de abalizar sem a necessidade do uso de muitas palavras.

Isso é um pouco diferente do dom de discernimento, isso é algo que *DEUS* colocou dentro do homem.

**A mulher pode pensar que está enganando o homem, mas ele sabe a verdade, ele sabe o que ela está escondendo. Eva não enganou Adão, Eva simplesmente o influenciou.**

*DEUS* colocou em todos os homens essa habilidade de conhecer as mulheres, sem necessariamente entendê-las; mas a maioria dos homens não reconhecem esse dom, a maioria não desenvolve essa capacidade, nem todos prestam atenção ou exploram essa taciturna maneira de saber. Por isso os homens não falam muito, pois não precisam, eles se entendem, comunicam-se com essa linguagem invisível sem mesmo perceberem o que estão fazendo.

Sendo que no plano de *DEUS*, o homem e a mulher são iguais, mas, em termos de função, o homem é o líder, então, *DEUS* o equipou diferente da mulher, dando a ele aptidões que o ajudariam em suas decisões como chefe.

Esses presentes de *DEUS*, a maneira como Ele nos formou, se estabeleceu antes da queda... antes da mentira.

O que acontece é que num relacionamento, onde duas pessoas foram criadas para serem honestas, qualquer pecado traz outros tipos de repercussão, confusão, e consequentemente... a separação.

Por exemplo: No relacionamento, esse dom se manifesta assim: Se a mulher estiver preocupada com algo, estiver medrosa, ou com raiva do marido, e esconder esses sentimentos, ela pode estar sorrindo e tentando agradá-lo, mas ele não sabe porque, sente aversão pela mulher. Não sabe porque a vê como alguém a quem ele não pode confiar. Ele não entende, e se afasta dela pois não quer ser injusto.

O homem carnal não entende, mas o homem espiritual entende todas as coisas pois tem o Espirito de *DEUS*

Na escola, às vezes não entendemos algo, mas decoramos, para passar no teste.

<u>Saber não é entender</u>. Quando não entendemos algo, podemos deturpar a informação.

*DEUS* disse que não há nada escondido que não venha à luz. Marcus 4:22 NTLH, Pois tudo o que está escondido será descoberto, e tudo o que está em segredo será conhecido. Os olhos são a lâmpada do corpo. Mateus 6;22 NTLH, Os olhos são como uma luz para o corpo: quando os olhos de vocês são bons, todo o seu corpo fica cheio de luz.

Podemos mentir com palavras, mas a verdade está gravada ao nosso redor e emitindo o som verdadeiro de quem somos e o que sentimos a cada momento.

Ainda quando tentamos esconder, não podemos. Está na vibração da voz, na linguagem do corpo, e numa linguagem taciturna...só sentida...profundamente sentida...pelo homem.

*DEUS* nos fez para sermos luz. Quando escondemos algo, estamos sendo desonestos e enganadores, o que é a mesma coisa que ser uma montanha de escuridão.

Quantas vezes a mulher se chateia com o homem, mas diz pra ele que está tudo bem...? Isso é uma mentira, uma transmissão de trevas. O homem não entende nada, só percebe as trevas, ai perde a confiança nela, perde o desejo por ela sem saber porque.

Para evitar essa transmissão de trevas, a única coisa que precisamos fazer é o que a Bíblia ensina: Andar no Espírito, expressando o que realmente estamos sentindo, de modo sábio, por exemplo, se estiveres com raiva dele, ao invés de dizer o clássico "está tudo bem" e ficar emburrada, o que é absolutamente inflamatório, você pode expressar o que está sentindo de modo maduro, como se estivesses falando com Jesus, assim; "Estou com raiva, não quero falar agora... depois tá?" Se ele perguntar porque, e se você puder conversar com ele sem acusação, diga o que lhe incomoda. Fale de modo <u>humilde e gentil</u> <u>para que possas penetrar nas defesas dele,</u> <u>desarmá-las e encontrar um acordo comum</u> <u>de paz.</u> A PALAVRA MANSA DESVIA O FUROR. Provérbios 15;1 NTLH - A resposta delicada acalma o furor, mas a palavra dura aumenta a raiva. O amor vence todos os obstáculos.

Esse é o plano Bíblico... seguir a paz com todos. Mentindo e enganando e escondendo, é uma escuridão aonde o amor dele se perde.

<u>A bíblia nos ensina que é possível fazer</u> <u>da mentira o nosso refúgio, e que muitas</u> <u>vezes nos escondemos atrás de uma palavra</u> <u>enganosa</u> pensando que a desonestidade pode servir de proteção. Isaías 28;15b NTLH ...por nosso refúgio, temos a mentira e debaixo da falsidade nos temos escondido.

Somos imagem e semelhança do nosso Pai Celestial. *DEUS* disse Eu resisto aos orgulhosos mas dou graça aos humildes; os homens são iguais. Eles resistem às mulheres orgulhosas que escondem o que realmente estão sentindo, e ele dá graça às humildes que expressam sem acusação, o que estão sentindo.

*Lembre-se que a maioria dos homens não sabem que são dotados de tão grande poder assim, de sentir o que está dentro da mulher sem que ela diga nada.* E exatamente porque eles não sabem do poder que possuem, eles não sabem explicar a razão pela qual de repente, eles perdem a empolgação pela mulher que antes adorava. Ele não reconhece a dinâmica da mentira... a única coisa que ele sabe, é que ele não quer ficar junto daquela mulher.

**Por isso, *DEUS* disse: não minta.**

Isaias 33;1 nos ensina que os que enganam, podem se considerarem mortos. Quando você terminar de destruir, você será destruída, quando você terminar de enganar aos outros, você será enganada por outros.

A tradução NTLH diz "... quando acabar de trair, será traído."

O Senhor disse: "Não minta." Mentira é engano, falsidade, e pretensão.

**A mulher que mente destrói a sua casa**. O que é a mentira? A mentira é esconder a verdade de um fato, ação, atitude, ou sentimento.

Salmos 5;6 diz que *o Senhor destrói os mentirosos*, e rejeita os enganosos e os violentos.

Salmos 32;2 NVI - Abençoados são os que não enganam. Como é feliz aquele a quem o Senhor não atribui culpa e em quem não há hipocrisia!

1 Pedro 3;10 nos ensina que para desfrutar a vida e ter dias afortunados, temos que guardar a língua do mal e parar de enganar aos outros.

Em Lucas 20;23 vemos como Jesus percebeu a má intensão (o engano) deles...

Uma vez, eu estava bem gorda e horrível. Fui na praia, e um homem lindo se apaixonou por mim. Como isso pode acontecer? Muito simples... eu estava expressando minha alegria de estar na praia tão inocentemente e alegre e contente, sem reservas, que a minha aparência foi ofuscada pelo que estava dentro de mim - ele não foi atraído pelas minhas gorduras, mas por outro fator que é essencial para que o homem ame uma mulher. Quer saber o que é? Se você duvidar do que eu estou prestes a lhe dizer, faça o teste por você mesma. <u>O fator é a verdade</u>.

Vou lhe dizer minha querida leitora, a beleza pode fazer com que o homem deseje se aproximar de você.

<u>Mas a sua decisão de ser transparente, fará com que ele lhe queira para sempre</u>.

As vezes pensamos que temos que apresentar-nos de uma certa maneira para atraí-lo, agradá-lo, mas... não há nada que supere a transparência.

Quando não tentamos esconder o que estamos sentindo, estamos sendo honestas e verdadeiras, estamos andando na luz como *DEUS* está na luz (1João 1;5). Mas quando tentamos esconder o que realmente somos e pensamos, e sentimos, estamos enganando, sendo falsas, hipócritas, mentirosas, estaremos projetando trevas; portanto o amor Dele não estará em nós, e consequentemente... a rejeição será inevitável.

Tempos atrás, eu tive uma amizade, que transformou minha maneira de expressão. Foi uma das experiências mais dolorosas e humilhantes de minha vida. Mas sem essa experiência, eu nunca poderia abranger a gravidade do ato de se esconder, e projetar falsidade tentando impressionar alguém. A Bíblia não mente quando nos adverte. Muitas das lágrimas que correm dos nos olhos, são desnecessárias. <u>Infelizmente, até Jesus, o Senhor, aprendeu obediência pelas coisa que ele sofreu.</u>

Não lamente nem despreze a sua dor; pelo contrário...abrace-a como Jesus abraçou a cruz e depois do tempo certo, Ele ressuscitou. No tempo certo, sairemos desse vale doloroso, (se perseverarmos), e as lições aprendidas serão preciosas.

A Bíblia diz: Não tema a nada, pois o que você teme, acontecerá. Eu senti medo de me abrir, me deixar ser conhecida por quem eu realmente era, medo de expressar meus sentimentos e quebrar meu coração. O resultado foi que... meu coração foi quebrado exatamente porque eu me escondi e não fui transparente. Negar o que estamos sentindo e projetar quem não somos, danifica qualquer tipo de relacionamento.

José (Genesis 39), não escondeu sua repugnância em cometer adultério, ele fez o que a Bíblia nos ensina; grite contra o que é mau. Ele expressou quem ele era.

Eu não estou me referindo a expressar em palavras tudo que está em sua mente... No caso acima, Jose não xingou a mulher, ele simplesmente disse não. Estou me referindo a não tentar esconder-se e projetar algo diferente do que você acredita, do que você quer, do que você sente... por medo de rejeição, por orgulho, ou para enganar.

Uma das chaves mais importantes para a felicidade no amor, é a humildade expressada docemente.

Não estou me referindo a palavras, estou me referindo a uma expressão de quem realmente somos, do que realmente estamos sentindo.

Assim como Adão e Eva, que tipo de folhas você escolheu para se esconder da vergonha de ser descoberta? Podemos suceder todos os dias de nossa vida em esconder o que estamos sentindo por medo da rejeição.

Mas, como vimos no capítulo anterior, tudo que tememos acontece. O que é melhor? Ser descoberta e humilhada? Ou.... Confiar em *DEUS* e obedecer o nono mandamento?

Tudo o que está Escondido virá a luz. (Leia Mateus 10;26)

Fiz um estudo em Isaias 57;11, e encontrei versões interessantes deste versículo tão fascinante. Neste trecho da Bíblia, o Senhor revela Seu íntimo de maneira surpreendente. Leia na sua tradução preferida, mas se o leitor me permitir, traduzirei eu mesma, baseada no original. Deus está falando com a Sua amada igreja: "Você está preocupada com quem? Está com medo de quem para agir tão enganosamente e não se lembrar de Min o teu *DEUS*? É porque eu estou silencioso que você perdeu a vergonha de enganar os outros?"

***** *DEUS é nosso marido* *****

# CAPITULO 03

## O ROUBO DE POSIÇÃO

*Na sua opinião, o que é mais importante, os olhos ou os ouvidos?*

E os homens? Você acha que eles são mais importantes do que as mulheres?

Roubar, significa tirar algo que pertence a uma outra pessoa, sem o consentimento da pessoa. <u>Isso inclui tomar decisões que pertencem à uma autoridade.</u>

A estória de Uzias em 2 Crônicas 26;16 é um caso clássico de "roubo" de posição. Roubo pode ser uma palavra pesada, mas que outro nome poderíamos usar quando alguém deseja tomar decisões sem autoridade? Por exemplo: fique em pé no meio do tráfico e veja o que acontece. Mas... se você apresentasse as credencias, o uniforme, a posição de um policial, seria diferente. Tragédias acontecem quando atuamos fora da posição que nos foi confiada.

No caso de Uzias, a Bíblia diz que o orgulho foi a sua desgraça. Ele pecou quando entrou no Templo para queimar incenso.

Parece algo tão simples, **entretanto, *DEUS* o matou por isso.**

Uzias começou o seu reinado em Judá aos 17 anos. Ele governou 52 anos em Jerusalém. Seguindo o exemplo do seu pai, a Bíblia diz que Uzias fez aquilo que agradava ao Senhor. Enquanto Zacarias, o profeta, viveu, Uzias serviu a *DEUS* fielmente, pois Zacarias o ensinou a respeitar o Senhor. Durante esse tempo *DEUS* o abençoou. Uzias fez guerras contra os Árabes, e os Filisteus, e *DEUS* o ajudou a derrotá-los.

O poder de Uzias aumentou e a sua fama se espalhou até o Egito. Uzias tinha um exército incrível, ele fortificou as muralhas de Jerusalém, construiu torres, máquinas de guerra, etc.,

A fama de Uzias se espalhou por toda parte, e ele se tornou muito poderoso pois DEUS o ajudava.

*Porém... ficou cheio de orgulho*, e *começou a desrespeitar a função dos outros, e essa foi a sua desgraça.*

O orgulho o levou a agir na função de outra pessoa. Parece algo tão sem importância, mas para *DEUS* isso é importantíssimo.

O que foi que Uzias fez? Ele entrou no Templo e ofereceu incenso. Parece algo bom não é? Fez isso para agradar a *DEUS* mas isso era a função de um Sacerdote, não de um rei. Só os Levitas tinham essa função. Só os homens têm determinadas função dada por *DEUS* e as mulheres que resolvem funcionar na posição de um homem, acabam como Uzias - sem reinado, sem casamento.

Muitas vezes a mulher se queixa do marido, se lamúria pois ele a deixou por outra mulher, mas essa mesma mulher nem se dá conta do pecado que provocou isso. De quem foi a culpa de se orgulhar como Uzias, e funcionar na posição do outro?

Uma amiga minha corrigiu seu namorado tantas vezes, que um dia, de repente, ele a deixou falando sozinha. Chorando num canto sem saber porquê, o namorado que antes era tão apaixonado, agora não responde seus telefonemas, e começou a sair com uma garota feinha. Uma mulher feia? Depois de tanto esforço que fez para ter um corpo sexual, sem falar no dinheiro gasto pelas roupas bonitas para impressioná-lo, e ele a troca por uma sem graça?

2 Crônicas 26;16 NVI Uma vez que se tornou poderoso, seu orgulho o destruiu... Entretanto, depois que Uzias se tornou poderoso, o seu orgulho provocou a sua queda. Ele foi infiel ao Senhor, o seu Deus, e entrou no templo do Senhor para queimar incenso no altar de incenso.

Tem mulheres tão legais que se tornam tão orgulhosas quando começam a namorar, ou depois do noivado, ou casamento. Esse orgulho muitas vezes gera uma atitude tão insuportável que o homem desmancha o compromisso, por não aguentar essa atitude superior da mulher.

Quando a mulher discorda com o homem de um modo arrogante, ele se sente inferior, incapaz, e totalmente paralisado. Exteriormente eles reagem de modo imprevisível dependendo da personalidade, do caráter, ou da maturidade de cada homem, mas por dentro o que sentem quando são corrigidos e desaprovados pelas suas mulheres é o mesmo. Sentem-se fracos e covardes.

**O amor dele por aquela mulher diminuirá** pois ele não se sentirá capaz de liderá-la, e ele começará a perder o desejo de estar com ela.

Cuidado como você se expressa. A sua atitude, tom de voz, maneira de abordar um assunto, tudo isso está fortificando, ou enfraquecendo o amor dele.

**Não corrija seu companheiro.** Ore por ele, depois, fale com ele na hora certa, com humildade diga que você tem algo para conversar, qual é uma boa hora para ele? Fale com poucas palavras e se cale, saia da presença dele, dê tempo e liberdade para ele. Deixe o Espírito de *DEUS* trabalhar na situação, dê um passo para traz e só ore.

Homens não gostam de mulheres insistentes.

Um dos maiores motivos pelo qual as nossas orações não são respondidas é porque não deixamos que o Senhor opere, ficando insistindo, acusando, se queixando, e falando demais.

<u>**Se isso é muito difícil pra você, então dê lugar a carne, bata o pé e exija o que você quer, brigue com ele, diga o quanto você está certa e ele tá errado, chore, resmungue, manipule, consiga o que você quer... e.... *mate* o amor dele.**</u>

O orgulhoso trará desgraça para si mesmo, mas a sabedoria é reservada para os humildes. Provérbios 11;2 NTLH - O orgulhoso será logo humilhado, mas com os humildes está a sabedoria. A sabedoria de *DEUS* virá sobre você repentinamente, e aí você saberá como falar com ele sobre aquele assunto, como sugerir uma outra alternativa. Quem pode contra os Sábios conselhos de *DEUS*? Tudo que precisamos é de um coração humilde.

**O orgulho só traz brigas**, é mais sábio pedir conselhos, Provérbios 13;10 NTLH

**O orgulhoso acaba sendo humilhado...** Prov. 29;23 NTLH

O orgulho não somente provoca a nossa ingratidão, como a ira de *DEUS*. Quem quer provocar a ira de *DEUS*? 2 Crônicas 32;25 NTLH – "Deus foi bondoso com Ezequias, mas ele não lhe agradeceu pois era orgulhoso. **Por isso, Deus ficou irado com ele...**"

**...*DEUS* é contra os orgulhosos mas dá graça aos humildes**, Tiago 4;6 NTLH

...Se o meu povo que pertence somente a mim, se arrepender, abandonar os seus pecados, e orar a mim, eu os ouvirei do céu, perdoarei os seus pecados... 2 Crônicas 7;14 NTLH

O sacrifício que *DEUS* deseja é um espirito humilde, um coração sem orgulho e arrependido, a esses, *DEUS* aceita e não os rejeita.

Cara leitora, a humilhação é como se jogar em cima da rocha que é Cristo. O orgulho, é como se uma rocha fosse jogada na nossa cabeça... quem se exalta será humilhada.

Palmos 59 é um bom exemplo de como devemos reagir no meio do criticismo de outros, especialmente quando f*alam palavras pecaminosas. Deixe que sejam enlaçados no próprio orgulho, maldições e mentiras que falam.*

Provérbios 11- O orgulho vem acompanhado da vergonha.

Provérbios 13 - O orgulho traz brigas...

Provérbios 16 – A destruição vem depois do orgulho.

Provérbios 29 - O orgulhoso é sempre humilhado...

CONTROLE – As mulheres que são mandonas, fazem os homens se lembrarem de suas mães, aí se tornam crianças eles mesmos, e começam a mentir para a mulher e arranjar todas as desculpas possíveis para não estar junto delas. Por isso o amor esfria e a mulher fica sem saber porque o homem não é mais carinhoso como era antes. A culpa é dela, pois *DEUS* não gosta de mulher mandona. *DEUS* quer as mulheres nas suas posições. Não é posição de inferioridade, mas simplesmente posição.

Qual é a posição? Debaixo dos braços dele – sua costela, sua ajudadora, sendo protegida, deixando que ele atue como *DEUS* o criou para atuar – protegendo, suprindo, liderando.

Se ele não estiver funcionando como o homem da casa, o líder, o protetor, então ore querida, mas não retribua o mal pelo mal. A oração tem poder. O desanimo tem poder também. Entretanto somos mais que vencedores por meio de Cristo.

André foi o primeiro discípulo a seguir Jesus. Assim que ele ouviu João Batista apontar pra Jesus e o chamar de Cordeiro de *DEUS* André deu um pulo e foi falar com Jesus, que lhe respondeu diretamente: "Você tá procurando o que? " André respondeu-lhe com outra pergunta "Onde moras? " E passaram a noite juntos. No outro dia, André foi correndo contar a Pedro.

Pedro veio conversar com Jesus, mas foi somente no outro dia que Jesus os chamou e eles imediatamente o seguiram. Eles já tinham estado com Jesus antes. João e Tiago foram os seguintes a serem chamados. Estes quatro eram os mais chegados.

Mas... Lucas e Marcos não eram discípulo como os 12, contudo, escreveram o evangélico.

Imagine se Lucas e Marcos tivessem ficado magoados, feridos, e rejeitados por não serem parte dos 12, se recusassem a escrever o evangélico por querer fazer o que Pedro, ou Tiago foram chamados a fazer?

A sua autoridade está em permanecer nos limites de sua chamada.

***** *DEUS é o nosso marido* *****

# CAPITULO 04

## A SUA PARTE NO ADULTÉRIO dele

*Mulher, nos próximos minutos, você vai ler algo que poderá transformar a sua vida. A verdade dói, a verdade é humilhante, a verdade não é para todos, pois nem todos têm a capacidade nobre de admitir um erro.*

<u>No jardim do éden, o castigo da mulher não foi somente ter filhos com dores de parto</u> (existem partos sem dor, e nem todas tem filhos). O castigo maior, e geral foi o seguinte: **"O seu desejo será para o homem"**. Casada ou solteira, a mulher deseja mais do que tudo um homem na sua vida.

Essa é a tradução mais comum. Algumas traduções em outras línguas dizem: "você desejará controlar seu marido, mas ele é quem te dominará". Outras traduções dizem: "ainda que tenhas dores de parto, desejarás o teu marido". Mas, a tradução que é mais perto do original, simplesmente relata as 3 consequências da desobediência da mulher: 1) Ela terá dores de parto, 2) O desejo dela será para ele, e 3) O marido a governará. Isso é muito importante, pois ao homem, *DEUS* não disse: O seu desejo será para a mulher, pelo contrário, *DEUS* disse para o homem, em minhas palavras, "[Vai ser difícil amar a tua mulher todo o tempo, mas quero que você] a ame como Cristo amou a igreja" (Leia Efésios 5;25).

Assim como o homem herdou a responsabilidade de trabalhar todos os dias de sua vida, a mulher herdou essa consequência do pecado, ou "maldição" se você me permite usar essa palavra, para descrever o castigo que *DEUS* deu para Eva no jardim. *DEUS* disse "O seu desejo será para o homem".

Desde criança, a menina brinca de casinha com suas crianças- bonecas de brinquedo. A mulher desde a infância aprende a ser dona de casa, e cresce com aquela esperança de se casar, ter um lar e ter filhos. O homem ao contrário, pode passar a vida toda namorando com essa e com aquela, e estar bem feliz da vida somente morando juntos. Nós mulheres desejamos um companheiro de modo diferente. O nosso desejo é para ele acima de tudo, é o que está na nossa mente. Por que? <u>Por causa do castigo de Eva no jardim.</u>

Que tipo de castigo é esse?

Somos salvos, redimidos, e pertencemos a uma dispensação de graça, mas... ainda assim...o desejo da mulher sempre foi para o homem. (Não me refiro a lesbianismo ou outra forma de perversão).

Quando o homem comete adultério, a culpa não é só dele.

A não ser que ele seja um mulherengo, descarado, sem vergonha, a culpa não é só dele.

<u>Veja bem, o primeiro mandamento é amar a *DEUS* Sobre todas as coisas.</u> Desde o princípio foi assim, e *DEUS* não muda; Em toda história da Bíblia, <u>quando o povo</u>

idolatrava, *DEUS* permitia um inimigo atacar. Esse ataque de um inimigo, tem o objetivo espiritual de trazer a pessoa de volta a *DEUS* para tê-lo como Primeiro outra vez.

Por causa deste castigo, a mulher está em constante sofrimento procurando um homem para amar, e é propensa a idolatria quando o coloca em primeiro lugar. E... Quando isso acontece, *DEUS* permite um inimigo, muitas vezes na forma de outra mulher.

O homem cometeu adultério, mas a mulher idolatrou. Um momento: o adultério é o sétimo mandamento, e a idolatria é o segundo. (Se estiver escrito em ordem de importância).

Então... porque o homem é culpado e a mulher não? Não é a idolatria como pecado de rebelião?

Idolatrar, é desejar algo mais do que desejamos a *DEUS* Vimos o que é idolatria no capítulo um.

Que mulher rara é a que é pacífica, gentil, trata todos com educação, sem falar mal de ninguém... Leia Tito 3;2-3

É improvável que um homem seja feliz no seu casamento, e ao mesmo tempo cometa adultério, a não ser que ele seja mulherengo, sem vergonha, ou tenha se colocado numa situação insensata. Não estou desculpando nada pois o adúltero não reinará com Jesus.

Na maioria dos casos de adultério, o homem está dessatisfeito com a mulher em alguma área, e geralmente é na área das brigas de rixas, queixas, críticas, e acusações.

Inverta o cenário e veja como você se sentiria se ele começasse a lhe chamar de gorda, feia, não sabe cozinhar, faça isso, faça aquilo, você não está fazendo isso, não está me tratando dessa ou daquela maneira, faça isso, faça aquilo, porque você não fez isso ou aquilo, você está com outro, está olhando para aquele homem, porque você não me trata como antes?

*E assim o romance acaba,*

*A luz da vela se apaga,*

*E....você fica sozinha...*

*E.... muito amarga.*

*Porque para ele, minha amiga,*

*Você é uma indesejável carga.*

Por essa razão, um homem maduro e feliz com sua mulher, resistirá o adultério com a famosa modelo que é muito mais jovem e bonita.

<u>O inimigo trabalhará em fazê-lo infeliz no casamento através de comportamentos repulsivos, por parte da mulher, tais como rixas, e críticas.</u>

Criticar é se queixar do outro para alguém, sem aplicar misericórdia ou perdão, concluindo algo sem fatos concretos, e usando essa informação de modo inflamatório e negativo.

Criticar é presumir o motivo da atitude ou ação de alguém, baseado na maneira como gostaríamos que acontecesse, e de como vemos essa pessoa. Quanto mais gostamos de alguém, mais toleramos e desculpamos essa pessoa.

No meio de um argumento, as palavras críticas são inevitáveis, mas a mulher sábia desvia a ira do outro com uma resposta amável (Provérbios 15:1 NTLH **A resposta delicada acalma o furor, mas a palavra dura aumenta a raiva**).

## *FAÇA TUDO QUE ESTIVER AO SEU ALCANCE PARA EVITAR, OU REVERTER A IRA DO HOMEM.*

*Pior do que a violência, ou, o desprezo de um homem irado, são as coisas que ele faz sem que você saiba... quando ele está irado.*

Um dos piores inimigos de sua vida, é o seu companheiro, quando ele sente raiva de você pois os que estão mais perto de nós, possuem o poder maior de nos ferir feio, fundo, e falsamente.

Quando uma floresta pega fogo, é bem difícil conter os danos causados. O melhor é prevenir o incêndio.

Como podemos evitar momentos de raiva e discussão? Onde estamos tocando fogo na floresta com as palavras afiadas de nossa língua irada?

Uma vez, eu conheci um homem que queria ser meu mentor. O problema era que ele queria que eu já soubesse de tudo sem que ele me ensinasse nada. Ele detestava os erros das pessoas e as xingava de estúpidos, idiota, e etc. Se ele se dispusesse a me ensinar, eu até que aceitaria ele como meu mentor, pois ele tinha muito conhecimento, mas, ele não sabia como aplicar esse conhecimento, pois era irado, e a sabedoria de *DEUS* é pura, pacífica, delicada... ele esperava até que eu cometesse um erro para depois me criticar em público na forma de uma indireta.

Como você pode punir alguém por fazer algo errado sem nenhum ensinamento prévio do que é certo ou errado?

Da mesma forma são os homens em geral; eles não sabem de muitas coisas que lhe desagradam, e cabe a você educá-lo nisto; o truque aqui, é como usar as palavras. <u>Os psicólogos explicam que a mente é muito mais propensa a receber e aceitar palavras</u>

<u>positivas, tom alegre, ser específico, e o mais importante...sem insistência.</u>

Nenhum homem gosta de mulher chata que fica insistindo e brigando por tudo. Deixe ele decidir por si mesmo, caso contrário, ele simplesmente se endurecerá para o que você deseja e não haverá jeito de fazê-lo mudar de ideia.

Repetir o mesmo pedido, lembrando a ele para fazer algo, não dá resultado. Dizer a ele tudo que ele faz de errado desde o momento que ele chega em casa até quando ele sai pro trabalho, também não adianta.

Quando a comunicação entre um casal consiste em acusação e murmuração de tudo que o outro faz de errado, só faz piorar o relacionamento. Tem mulheres que brigam e se queixam do seu parceiro pelo que ele fez durante o dia, na semana passada, no mês anterior, no ano passado, e desde que se conheceram... quem pode aguentar uma mulher rixosa? Tem homens que pedem para trabalhar horas extras no trabalho pois ir pra casa é maçante. Só de pensar na rixa da mulher, dá vontade de se afogar num copo de água, ou de cachaça (brincando).

A maneira como falamos com alguém, dissipa ou aumenta os problemas, principalmente os de infidelidade.

Porque será que alguém não quer mais falar com você? Porque será que seu companheiro não quer falar com você? Pense. Como foi a sua última conversa?

Quem quebrará o ciclo? Depois de algum comportamento do homem, a mulher se queixa, ele não ouve, ela fala outra vez, e outra vez, e outra vez, até que ele se enche e estoura, e os argumentos escalam.

Os dois estão certos e os dois estão errados. A mulher está certa, mas do modo como está falando com ele causa ele a rejeitá-la.

Se alguém não está prestando atenção ao que estamos falando, é por causa da maneira como estamos nos expressando.

Geralmente as mulheres abrangem seus homens da maneira errada, depois culpam ele de adultério, mas o quinto mandamento é honrar, e o sétimo é adulterar.

**Um dia um homem chegou em casa, e antes que ele pudesse terminar de dizer "Alo querida cheguei..." ela começou – "Você é tão rude, porque demorou tanto?** Você está se flertando com outras mulheres e nem se importa que eu estou em casa esperando por você, você não me ama mais... Ele responde, - não grite comigo mulher, por favor, você está tomando conclusões precipitadas. Ela- Por que você está agindo assim tão grosso comigo? Só quero saber porque você não me liga e diz que vai chegar atrasado pro jantar, você é tão cabeça dura... Ele - me deixe em paz, estou cansado de um dia cheio no trabalho, só quero descansar. Ela - você é uma criação, sabe qual é o seu problema? O seu problema é que você não sabe receber crítica construtiva... você é isso e aquilo... ele sai batendo a porta, e ela vai chorar no quarto. Assim a vida de um casal se transtorna e ele vai parar nos braços de uma mulher que não rixe.

Não é que ele tenha razão, mas uma vez

que a mulher fala dessa maneira, o homem começa a ficar DEFENSIVO, e sendo que a mulher sabia constrói a casa, e tem 50 mulheres torcendo que você se separe do seu homem, então a solução é aprender a ser a mulher dos sonhos dele. A solução é aprender a conquista-lo, e em returno, você terá aos seus pés, o homem que sempre desejou.

A solução é a maneira de falar e a hora certa de iniciar um assunto com uma atitude irresistível.

"Estou cansada disso e daquilo, estou cansada desse maná, não gosto do que me deste Senhor..."

Quanto menos falamos, mais ele ouve, então,

A melhor maneira é descrever brevemente o que lhe estiver incomodando, perguntar o que deixa ele ansioso sobre o que você descreveu, expressar o que você sente quando o comportamento dele se repete, e por último descrever em poucas palavras e sem ira ou choro, as consequências daquele comportamento. Esteja calma, firme, e breve. Veja o exemplo abaixo:

Você tem chegado em casa tarde ultimamente. Você está com outra? Você não gosta mais de mim? Eu me sinto maltratada e isso dói, se isso continuar assim eu vou ter uma crise de nervo.

Ele - oh querida, eu não sabia que tu te sentes assim, eu não tenho outra mulher, eu gosto muito de você.

Por um tempo eu morei com um casal de amigos na Califórnia. Sempre que eu saia meu colega usava meu banheiro. Eu ficava chateada, murmurava, brigava com ele, discutia, ameaçava ir embora, mas, ele fazia de novo. Um dia, eu disse calmamente: "Quando você faz isso, tudo fica fedendo, é insuportável, você pode parar? " Ele disse ok. E nunca mais fez de novo. Em fato, começamos a nos dar bem melhor. Homens não gostam, não escutam, e nem respeitam as mulheres resmungonas e briguentas. Pode ser um amigo, colega, namorado, ou esposo.

Em geral eles veem a queixa da mulher como se ela estivesse irada consigo mesma talvez por ter engordado, brigado com alguém, ou qualquer motivo bobo, por isso ele nem dá bolas, inclusive faz gozação sem que ela perceba. Eles acreditam que quase toda mulher é rixosa e quase todo homem é infiel.

Os homens estão sempre fazendo comentários sarcásticos de como as mulheres são doidas. Existe até seminários nos EUA que ensinam os homens a como isolar as mulheres quando elas começam a reclamar.

O homem não usa muitas palavras, ele prefere agir da maneira como ele está sentindo no momento, por isso não é muito bom provocá-lo, pois ele poderá se tornar até fisicamente violento. E é uma boa ideia repetir de volta pra ele o que ele te disse para ter certeza que você entendeu.

Ele expressa amor através do ato sexual, ele expressa frustração através do isolamento, ao contrário da mulher que usa palavras e choro, o homem faz o que está sentindo.

A mulher que é imatura, grita, chora, resmunga...o homem que é imaturo bate na mulher quando está com raiva dela, comete adultério quando se sente desrespeitado, se isola rudemente quando suas emoções são muito fortes, e assim por diante...

Para entender uma mulher, você passa tempo <u>conversando</u> com ela, para entender um homem, você passa tempo <u>com ele.</u>

Por exemplo; João diz a Sara - Te amo, Sara dorme com João. João não telefona mais pra Sara e desaparece. Ele diz que a ama mas desaparece...qual é a ação? O desaparecimento, então é isso que ele sente por Sara - nada. Não acredite nas palavras de ninguém, faça como Jesus aconselhou: pelos frutos conhecereis a árvore (Mateus 7;16). Pelo que a pessoa FAZ, você saberá quem é a pessoa. Muitos dizem Senhor, Senhor, mas poucos obedecem. Muitos homens podem lhe dizer muitas palavras românticas; não se entusiasme, espere, perceba os frutos que ele está brotando. <u>Quando ele professa ser fiel, e ao mesmo tempo paquera suas amigas... você já tem sua resposta.</u>

Não discuta, não pergunte, simplesmente, se afaste. Se já estiver comprometida com ele, vá orar e jejuar, e o Senhor lhe guiará com toda sabedoria, pois cada caso é diferente.

Não se esqueça do que Jesus disse-pelos frutos conhecereis a árvore. Pelo amor conhecereis meus discípulos, Não conhecemos ninguém pelo que a pessoa fala. A língua é o menor órgão mas é o mais vil (Tiago 3;5-12). Siga os conselhos de Jesus e procure os frutos, ou seja, o que o outro está fazendo.

*********

Quer conhecer uma mulher? **Note suas emoções**. Quer conhecer um homem? **Note suas ações.**

*********

Se você quiser que o seu homem lhe desrespeite e lhe ignore, e lhe trate mal, simplesmente diga: "Você é um idiota, bobo, você não é homem, não faz nada certo, etc."

O que falamos acontece... somos profetas

<u>dos que nos rodeiam</u>. A planta vai morrer... vai morrer... e morreu.

Quando o homem está ofendido, ele fica quieto, isso não é forçado com o intento de te magoar, mas, é o que eles sabem fazer. <u>Crie o hábito de nunca ofendê-lo com palavras. Fale somente para edificá-lo.</u>

## SEGREDO

Se você quiser ir a um nível mais alto com ele, não o conseguirá com pensamentos profundos, roupas sensuais, ou operação plástica, mas, paquerando e se flertando <u>com ele</u>, ainda que vocês estejam casados por 50 anos. ESPOSA, APRENDA A PAQUERAR SEU MARIDO; ESSA É A LINGUAGEM DE AMOR DELES.

Para aprofundar seu relacionamento com ele, faça coisas juntos, atividades que ele gosta... ir ao futebol junto de vez em quando, ir a uma caminhada, ou algo assim, é muito importante para a aproximação do casal.

Quando ele perguntar se você está bem, diga a ele como você se sente, não diga que está tudo bem e depois estoure com ele; se fizeres isso, ele evitará você aos pouquinhos até desaparecer de uma vez.

Quando estudamos a *DEUS*, aprendemos muito sobre como se relacionar com as pessoas. <u>Aproxime-se do Senhor com louvores, e faça suas petições.</u> Filipenses 4;6 NTLH "Não se preocupem com nada, mas em todas as orações peçam a Deus o que vocês precisam e orem sempre com o coração agradecido".

Da mesma forma... aproximemo-nos do nosso companheiro com elogios, agradecimentos, e façamos nosso pedido. Por exemplo; amor, você está tão lindo hoje... eu gosto muito quando você é pontual. Pronto, não diga mais nada. Para que começar um repertório de insinuações, acusações, queixas e resmungos, só para dizer uma coisa? Vá ao ponto de modo positivo. Meu amor, obrigada por me ajudar na cozinha, você é tão amável comigo. Isso é muito melhor do que dizer: "Você é preguiçoso, nunca me ajuda, eu é que faço tudo..." minha filha... cala essa boca. <u>Quer manter o romance? Então fique caladinha, e</u>

vá orar. Em tudo seja conhecido diante de *DEUS* as vossas petições. (Filipenses 4;6).

Trate ele como você trata ao Senhor; dando ações de graças, elogios de coração, agradecimentos sinceros... você verá uma mudança radical no comportamento dele em relação a você. Se ele não for do Senhor, ele se converterá pela sua maneira gentil. Se ele já se converteu, ele te amará como você nunca foi amada.

*DEUS* nos criou imagem e semelhança Dele. O que Ele gosta, nós gostamos. Conheça as escrituras, e você aprenderá os segredos do sucesso no relacionamento com qualquer pessoa.

*Ele é o verbo encarnado. O verbo é a parte mais importante da frase. Se DEUS se identificou com a Palavra, é porque a palavra é importante. O que dizemos tem força para edificar ou para derrubar.*

As palavras que usamos com o nosso companheiro tem o poder de fortalecer o nosso relacionamento ou de rasgá-lo, destruí-lo.

Filipenses nos ensina como falar com nosso companheiro; finalmente, o que é verdadeiro, respeitoso, justo, puro, amável, excelente, e digno, pense nessas coisas. Somos o que pensamos. Falamos e somos o que pensamos.

Quando seguimos Filipenses 2;14 (NTLH *Façam tudo sem queixas nem discussões*), nos tornamos fascinantes, incomuns, femininas... isso é raro gente... hoje em dia as mulheres são influenciadas a agirem, pensarem e falarem como os homens (igualdade), e como resultado, não tem homem que aguente. Quem quer um outro homem como namorada? Um homem quer uma mulher, a não ser que ele não seja homem.

Para ele é uma ofensa muito grande dizer: "haja como um homem, você não é homem", e coisas assim.... Não ofenda ou você será ofendida em lugares muito mais dolorosos. O HOMEM SABE LUTAR POR NATUREZA. Não procure briga, é como brincar com fogo.

Nenhuma mulher é bonita 24h por dia todos os dias, mas ai do homem que lhe chamar de feia. Certas coisas não podemos falar...outras coisas, não podemos calar. Sabedoria é saber o que dizer na hora certa.

Nenhum homem gosta de ser corrigido por uma mulher - ele se sente mole e fracassado. Peça a Deus sabedoria para conversar os assuntos delicados sem acusação, sem falar como se você fosse uma professora, sem ser mandona, resmungona, ou carente demais.

***** *DEUS é o nosso marido* *****

# CAPITULO 05

## COMO MATAR O AMOR DELE

Números 14;27NTLH "... Eu tenho ouvido as reclamações dos israelitas. Até quando vou aguentar esse povo mau que vive reclamando contra mim? Diga a essa gente o seguinte; juro pela minha vida que darei o que vocês me pediram. Sou eu, o Senhor quem está falando. Vocês serão mortos, e os corpos de vocês serão espalhados pelo deserto. Vocês reclamaram contra mim, e por isso, nenhum de vocês que tem 20 anos de idade ou mais, entrará naquela terra."

Nem *DEUS* pode suportar as reclamações e as queixas de alguém, quanto mais o homem que está ao nosso lado.

Aqui estão algumas dicas da Palavra de *DEUS* que nos ajudarão a ressuscitar e preservar o amor dele ao invés de matar a paixão daquele a quem amamos, quando enfrentamos *períodos* difíceis.

Lembre-se: para seguir os conselhos abaixo, as vezes precisaremos usar "armas biológicas", ou seja, tenha sempre ao seu alcance, um calmantezinho sem efeitos colaterais recomendado pelo seu médico.

É MELHOR TOMAR UM CALMANTE (IR ORAR) E SALVAR SEU CASAMENTO, DO QUE EXPLODIR SUA RAIVA COM PALAVRAS IMPENSADAS E MATA O AMOR DELE DEREPENTE COM UM SO GOLPE.

- Quanto mais resmungamos menos amor recebemos

- Em tudo faça seu pedido em oração. Quanto mais murmuramos, mais a coisa piora. Quanto mais sufocamos mais explodimos insensatamente. A solução é orar, e DEPOIS compartilhar as queixas NO ESPÍRITO.

- Em tudo dê graças. Fale o que você quer de modo agradecido por todas as <u>outras</u> coisas que ele faz.

- Números - O povo perdeu a terra prometida por causa do resmungo, e nos perdemos nosso companheiro da mesma forma.

- Somente fale o que está lhe incomodando, com toda gentileza e sem manipulação. Fale sem dar um discurso, como uma professora ao aluno, ou a mãe à criança. Fale em poucas palavras, bem direto ao assunto e saia. Se cale, não continue. <u>Quanto mais falamos menos eles ouvem</u>. No muito falar há pecado.

- Há tempo para tudo (ecl.), seja sábia e pergunte a ele qual é a melhor hora de conversar.

- Ele se sentirá humilhado se não for capaz de lhe dar satisfação sexual, emocional, e física. *DEUS* criou o homem para amar a mulher (Genesis). Como alguém pode amar a alguém que está sempre se queixando? É desanimador. Você precisa incentivar seu homem a lhe amar através de uma atitude de agradecimento. SE *DEUS* (que é espírito) NÃO GOSTA DE RESMUNGO, QUANTO MAIS O HOMEM (que é carne).

- Admitir certas coisas é bem difícil para um homem, mas a verdade é que a felicidade da mulher é o que faz o homem se sentir macho, por isso ele comeu a maçã; para Eva ficar feliz. *DEUS* disse ame a sua esposa como eu amo a igreja.

- Murmurando, se queixando, sempre querendo mais... vai acabar desanimando a ele, e depois de algum tempo, ele perderá as esperanças de que você tenha prazer na presença dele. Ele vai se sentir incapaz de lhe satisfazer, e <u>ele vai começar a olhar outras mulheres, até encontrar uma que é agradecida pelo que ele tem para oferecer.</u>

- *Nunca fale na hora que você sentir o problema.* **Leve em oração primeiro.** Espere uma oportunidade melhor.

- Não demande que ele comece a fazer certas coisas por obrigação. Simplesmente inspire ele a fazer o que você gosta, pois aí ele fará com gosto. Ninguém gosta de fazer nada por obrigação. Se ele disser pra você que gosta de sua comida, especialmente aquela moqueca de bacalhau...você fará com gosto, mas se ele disser que de agora em diante, todos os dias você tem que fazer aquela moqueca de bacalhau se não fizer, ele vai ficar zangado, como você se sentirá? Não, não, não mate... inspire e seja agradecida quando ele fizer, e seja agradecida quando ele não tiver a fim de fazer.

- *DEUS* usou palavras para criar o mundo. Da mesma forma, use palavras para criar o seu mundo. Mas, você também pode usar suas palavras para destruir o seu mundo (como eu desisto, você não tem jeito, nunca vai mudar, você não me ama, quero o divórcio, não quero mais lhe ver na minha vida, te odeio, você não é homem, você é um fracassado, um besto, você nunca faz nada certo) as suas palavras constroem ou destroem...a escolha é sua.

- Como falamos, somos. Se falamos como pobre coitadas, assim seremos na mente de quem está nos ouvindo. O que você quer ser? Uma pessoa autentica, confidente, que é madura e sabe se expressar? Então escolha palavras que refletem isso, e o seu parceiro a amará. Escolha palavras afiadas como espadas que ferem, e ele correrá de você pros braços de quem o aceita como ele é, e expressa com doçura o que gostaria que fosse diferente.

- Depois que você falar com ele o que está lhe incomodando, ou o que você gostaria que fosse diferente, dê tempo ao tempo, vá orar e deixar o Senhor trabalhar nele. Se você ficar falando muito, se tornará amarga, e ninguém gosta de beber agua amarga, nem pensamos na possibilidade... a resposta é não. Seja uma água doce e você não precisará forçar ninguém a beber.

- Faça o seu pedido a ele de forma doce, e vá viver sua vida docemente, confiando em *DEUS* para trabalhar no assunto. Só *DEUS* pode fazer certas coisas. Só Ele pode transformar alguém.

- Vá a um nível mais alto e paquere com ele primeiro, conte uma piada, depois solte a esfinge de modo suave, diga "te amo" e saia de baixo.

- Ele respeita muito sua opinião mais do que ninguém sabe, e o que você pensa e fala, exerce uma influência imensa nele. Seja a mulher de verdade que não tem medo de falar o que realmente quer sem amacacá-lo.

- Não pergunte: "Porque você faz isso?" Ele não sabe o porquê. "Você deve fazer assim, e se você fizer isso de novo eu..." PARE ANTES QUE ELE sinta uma antipatia por você tão grande que nunca mais lhe olhe com carinho.

- Simplesmente diga o que você quer na hora certa, rapidamente, sem choro, **sem**

**resmungo, grito, acusação, desaforo, insinuação, auto piedade, murmuração, raiva, e especialmente incredulidade de que ele seja capaz de mudar,** pois isso está fora do controle de qualquer pessoa. Tudo que você precisa fazer é expressar o seu pedido de modo suave.

- "Por favor amor... isso e aquilo... obrigada".

- Mas não use palavras com "você tem que... ou você deve..." Ou "faça isso vá, faça, faça, faça..." PARE.

- Simplesmente diga "amor, quando você deixa a luz acesa eu me irrito, ou, quando você desliga a luz eu fico feliz. Obrigada, você é lindo. " Algo assim. Um elogio, um obrigado, um por favor, o pedido, e pronto. Outras vezes só precisa dizer "amor, eu não gosto disso ou daquilo... e agora? Não precisa explicar pois ele não é idiota e ainda que seja, não o faça sentir-se assim.

- Se ele quiser falar, deixe ele falar, ouça, relaxe e ponha atenção ao que ele falar, não corrija, não interfira... ouça e vá orar.

- Não mande nele "eu quero que você faça isso, eu quero que você faça aquilo não, nunca. Não mande nele. Inspire. Expresse o que você gosta e ore.

- Amor, (conte uma piada), depois: Quando você me dá pressa eu me irrito, um sorriso e sai de baixo.

- <u>Quando a mulher tenta agradar ao homem desesperadamente, e não expressa com gentileza e respeito o que a está incomodando, ela se torna nojenta para ele.</u>

***** *DEUS é o nosso marido* *****

# CHAPTER 06

## DISRESPEITE E SEJA REJEITADA

*De Homer a Heródoto, de Pindaré a Paulo, o homem vive e morre procurando honra e respeito.*

O respeito, está relacionado com o preço, a dignidade, e o merecimento.

A estória de Mical, primeira esposa de David, nos ensina como o desrespeito seriamente danifica o relacionamento, e é a causa de grande parte dos divórcios de hoje.

A filha do rei Saul, Mical, foi uma das recompensas que Davi recebeu quando venceu o Golias; ela era uma mulher formosa, e tão inteligente, que planejou a fuga de Davi das mãos do seu próprio pai, o Rei Saul.

<u>Mais tarde ela fez o que muitas esposas fazem e acabaram perdendo seus maridos. O que ela fez? Desrespeitou o seu marido</u>.

Mical viu Davi dançando para o Senhor e por ciúme ou vergonha dele, ela começou a ridiculizá-lo de tal maneira, que ou Davi nunca mais dormiu com ela, ou o Senhor não permitiu que ela se engravidasse de Davi. Leia 2 Sam 6;16-23. (Versículo 20b "...parecia um sem-vergonha, mostrando o corpo para as empregadas...")

O homem perde a dignidade quando ele é criticado, especialmente em público.

O homem e a mulher anelam serem honrados; na sociedade Mediterrânea, no princípio da civilização dos povos, essa busca era aberta e quase selvagem, mas, em nossos tempos, o homem a busca com uma agressividade camuflada.

**Para o homem, a sua masculinidade está ligada com a sua honra, por isso o desrespeito é um insulto insuportável.**

Para a mulher, até hoje, a honra está ligada

com a sua sexualidade, ou a preservação da sua pureza interior, e da maneira como se veste.

*Lívia, a esposa de Augustus*, foi uma das figuras políticas mais poderosas no primeiro século. Quando alguém a perguntava como ela obteve essa tremenda influência nas decisões do marido, ela respondia que isso era devido ao respeito que ela sentia por Augustus.

A famosa estória de Lucrécia explica essa diferença entre a honra do homem e da mulher.

Lucrécia era admiradíssima pela sua modéstia, e pelo preço alto que pagou para defender sua reputação sexual.

Numa festa, perto de Roma, os homens foram provocados à uma competição para saber quem tinha mais honra entre eles através do comportamento das esposas. Eles decidiram que o vencedor seria o esposo da mulher mais virtuosa. Fizeram um acordo de surpreenderem suas esposas naquela mesma noite, e comparar o que elas estavam fazendo. Enquanto as esposas dos outros competidores foram descobertas no meio de jantares e festas caras, eles encontraram Lucrécia, a esposa de Collatinus, em sua própria casa trabalhando com suas costuras.

E, por que a sua conduta estava completamente sem nenhuma aparência de imoralidade sexual, seu marido, Collatinus, foi designado o vencedor, e recebeu o título do homem que tinha mais honra.

Um dos competidores, Sextus Tarquinius, decidiu vingar-se da perda desse título, formulando um plano diabólico para seduzir Lucrécia e assim retirar o seu título de mulher mais virtuosa, e consequentemente, sendo que a honra do homem está ligada com a moralidade da mulher, fazer Collatinius perder seu título de homem mais honrado.

Lucrécia foi ameaçada, e estuprada. Não podendo viver com a perda da hora do seu esposo, e da sua própria honra, ela cometeu suicídio, e assim, ela foi aclamada modelo de virtuosidade.

Até hoje, sem nenhuma pressão social, para uma mulher Cristã, a forma de honra mais alta, é seu comportamento moral.

Por isso, a mulher tem mais facilidade em perdoar a infidelidade do seu parceiro. Entretanto, para o homem é diferente; quando a mulher é infiel, ele se sente desrespeitado de tal modo que é quase impossível restaurar o relacionamento. Sabendo disso, Jesus disse:

"Não se separe de sua mulher por motivo algum, a não ser por causa de adultério..." (Se pode casar outra vez, é um outro assunto).

<u>Venere o seu homem, e assim como Lívia, a esposa de Augustus, você exercerá total e única influência no seu parceiro.</u>

A palavra Respeito, também significa: unção para não interferir com a opinião e as decisões dele.

## COMO HONRAR A *DEUS*

1. Sendo Agradecida. **Aquele que me traz ofertas de gratidão está me honrando** (Salmos 50;23 NTLH)

2. Ajudando os Pobres - *Quem persegue os pobres, insulta a Deus, que os fez, mas quem é bom para eles honra a Deus.* (Prov. 14;31NTLH)

Em Salmos 50;23, encontramos como Honrar a *DEUS* – Com agradecimento e louvor. (NTLH – Aquele que me traz ofertas de gratidão está me honrando...)

O homem também é honrado quando fazemos esse tipo de sacrifício. Quando não sentimos nenhum amor por ele, naqueles momentos difíceis de todos os relacionamentos, ainda assim, fazemos um sacrifício, uma decisão de elogiar ao nosso parceiro, de agradecer a ele, de apreciar o que ele faz.... Desse modo... construímos nosso lar, e não o derrubamos com o desrespeito.

Quando o apóstolo Paulo admoestou as mulheres a ficarem caladas na igreja, ele disse isso por que naquela época as mulheres sentavam atrás, e falando alto elas interrompiam o pregador fazendo perguntas.

Então Paulo admoestou as mulheres a ficares caladas na igreja, e fazerem perguntas aos maridos, em suas casas.

Isso é muito importante, e interessante, pois tudo que está escrito na Bíblia, nos ajuda a uma vida melhor, abençoada, favorecida; enquanto as outras mulheres estão passando por problemas sérios, divórcios, brigas, mágoas, infidelidades, nós estamos alegres e satisfeitos, nosso lar é um ninho de amor... injustiça? Pelo contrário. Os que obedecem os ensinamentos da Bíblia estão adiante, sucedendo na vida. Porque? *Pois interromper o homem, é mais repelente do que cheiro de tinga.*

Para o homem, uma das características mais atraentes na mulher, é a atenção dela quando ele está falando.

Esteja atenta a cada palavra, faça perguntas, mostre interesse nos interesses dele, *honre a ele com seus ouvidos.* * Ele a amará muito por isso; aos olhos dele você será uma mulher rara, uma joia incomum. Ele percebe o modo como as outras mulheres tratam seus companheiros.... Mas você... você é a mulher virtuosa que *DEUS* o presenteou, e ele tem orgulho de andar com ela. Perde-la não é uma opção.

Frequentemente a mulher trata seu companheiro insensatamente. Não por que não o amam, mas por que sentem-se inferior, e essa é uma maneira de se sentir mais valorizada, então ela o põe abaixo nas oportunidades que encontra, não sabendo que ele se sentirá desrespeitado.

Para o homem, a reverência da mulher é mais importante do que tudo. Pense um pouco: se a mulher ama o seu homem, mas o trata mal, o amor dela não vale nada pra ele.

A determinação de vingar a desonra, define o caráter masculino. No princípio da raça humana, todos os eventos sociais vistos pelo público, abrangia a disputa pela honra.

Um pequeno ato de desrespeito pode fazer o homem incapaz de tolerar quem você é.

Para evitar isso, se informe sobre o que ele gosta e o que ele não gosta. Saiba o que o faz sentir desconfortável sobre ele mesmo, e não mencione isso com outras pessoas, e não o julgue por isso, por exemplo, se você tem um sotaque e alguém ri disso, como você se sentirá? Você nem vai querer falar mais nenhuma palavra, e isso pode arruinar sua vida social e lhe entristecer muito. Quando você o desrespeita ele se entristece, se sente ainda mais inconfortável junto de você, e procurará uma saída....

Honrar é recompensar alguém por ter tido sucesso em algo. Honra incrementa a auto estima, e nos dá privilégios e oportunidades.

O desrespeito causa a perda de privilégios, e oportunidades. Quando damos lugar ao orgulho, e pensamos que sabemos todas as respostas, e que a nossa maneira é melhor, pode causar amargas separações. Não misture o instinto de mãe com a convicção que sua maneira é melhor que a dele, interrompendo, criticando, tentando guiar, mandar, corrigir... isso é uma mistura atômica que causará o amor dele se transformar em náusea.

Quando você corrige ele na frente de outras

pessoas, ele perde a dignidade dele. Como é que ele reage: chorando não com raiva. Da próxima vez que você se sentir desprezada e rejeitada pelo seu companheiro, lembre-se de como você tratou ele antes.

Não deixe ninguém da família o desrespeitar, defenda ele. Mostre interesse no que é importante para ele. Elogie o esforço dele em tentar ser melhor, em tentar algo. Dê tempo para ele ficar sozinho quando ele volta do trabalho. Peça a ajuda dele. Siga os conselhos que ele te dá. Diga que ele é importante pra você.

Só uma coisa...não esqueça de passar tempo elogiando a *DEUS*.

***** *DEUS é o nosso marido* *****

# CAPITULO 07

## O SÁBADO DOS DESEJOS DELE

*O sábado foi designado por DEUS como o dia de se lembrar Dele,* o dia de descansar do trabalho árduo da semana, ou dos estudos, do cotidiano, e louvá-lo. É um dia da semana separado para Ele.

<u>Imagine se você separa um dia da semana, ou do mês para agradecer ao seu companheiro: Um dia para agradá-lo de modo especial. Um dia para homenageá-lo.</u>

Só não desonre a *DEUS* tentando honrar o seu amor, como Sarai em Genesis 16, que depois de oferecer uma serva bonita a Abraão, disse, A culpa é sua, pois ele começou a se flertar com Agar, por isso Sarai disse "a culpa é sua"- Abraão dormiu com Agar uma vez...

pois Sarai pediu, mas Abraão dormiu com Agar uma segunda vez, pois ele gostava dela. *DEUS* sabendo disso, deu pra o filho dela uma herança, um povo. A mulher do amigo de *DEUS*...

*Sarai foi tola, assim como se você consentir com pornografia você também será chamada de mulher insensata.* Ou tentando agradá-lo com mentiras; A Universidade de Massachusetts fez uma pesquisa sobre quem mente com mais frequência, os homens, ou, as mulheres. O Pesquisador Robert Feldman conclui o seguinte: O homem mente para criar uma imagem melhor de si mesmo, a mulher mente para fazer seu companheiro se sentir mais confortável.

**De acordo com esse estudo, a mulher mente dizendo ao homem o que ele quer ouvir, para que ele se sinta bem.**

<u>O problema é que a mentira não agrada a *DEUS*</u> e quando mentimos para agradar ao nosso companheiro, o colocamos em primeiro lugar (acima de *DEUS*).

*Agradar a DEUS em primeiro lugar, é essencial para agradar ao seu companheiro.*

A primeira coisa que você deve saber, é o que desagrada a *DEUS*, e exclua isso da lista de coisas que agrada ao seu companheiro.

O que desagrada a D? O pecado. Elimine isso, e tudo o mais irá bem.

Por exemplo, assistir a certos filmes juntos poderá agradar seu companheiro, mas com certeza isso desagrada a *DEUS*

<u>Os expertos dizem que só ouvimos 8% das palavras, o resto da comunicação é feita pela linguagem corporal, expressão de rosto, ações</u>....

- Quando você está junto de um homem, ele não decide se ele quer continuar ao seu lado por causa da sua conversa, mas por causa do que você está emitindo pela sua presença.

- Isso É um senso que temos embutido. <u>Por isso *DEUS* disse que não podemos esconder nada.</u>

Procure um dia quando vocês estiverem relaxados, faça uma merendinha gostosa, aquela que ele gosta mais, depois pegue papel e caneta e pergunte a ele – amor, quais são as coisas que você gosta; comida, lugares, palavras, tudo... e também pergunte o que o desagrada.

Perguntar o que está na mente dele, é uma forma de demonstrar respeito. Quando demonstramos interesse na opinião dele, nos gostos e preferências dele, nos tornamos mais atraentes, e o desejo dele aumenta por nós.

É um erro tão grande quando a mulher enfatiza somente a sua aparência física, pois <u>por mais bela que ela seja, se não houver um genuíno interesse em agradá-lo, o relacionamento romântico não durará.</u>

Por isso é importantíssimo procurar entende-lo ao invés de questioná-lo com perguntas que para ele são ilógicas, especialmente as que começam com uma atitude crítica e a palavra "porque". Porque você fez isso, e aquilo: não espere uma resposta positiva ou amável dele.

Aprenda a ouvir. Dê sua atenção a ele de modo genuíno e interessado. Faça perguntas sobre o trabalho dele, e as atividades que são admiráveis para ele.

**Desenvolvendo essa habilidade de ouvir, você se surpreenderá com a mudança dele e do interesse dele em agradar a você, a passar mais tempo juntos.** Como abrir o coração pra ele?

Se você quiser o melhor no seu relacionamento, vá orar mais durante os tempos difíceis, ou não conseguirá manter essa atitude amável, e desejar agradá-lo.

Vá orar quando as coisas estão difíceis entre vocês dois, orar, ao invés de beber uma cerveja, ou ventilar suas frustrações com uma amiga, ou comer um docinho. VOCE NÃO TERÁ SATISFAÇÃO NESSE RELACIONAMENTO, SE VOCE NÃO ORAR MAIS NOS TEMPOS AMARGOS.

Cometemos erros com frequência, e as vezes, magoamos o outro sem querer, interrompemos quando ele está falando, insistimos em que ele faça o que ele não quer fazer, reclamamos, exigimos, mentimos, tantas outras coisinhas que causam o homem a se irritar, se fechar, se afastar, e eventualmente, se separar... Só orando, até jejuando, pedindo a *DEUS* que dê graça para ele te perdoar e esquecer da ofensa, para o amor e a paixão dele voltar ainda mais forte, com a certeza que as coisas estão mudando para melhor, e que você é a pessoa mais maravilhosa do mundo, pois admite os erros com humildade, e se esforça em corrigi-los sem acusar os outros, mas tomando a responsabilidades pelos próprios atos.

*Quando oramos, e passamos tempo com DEUS, emitimos uma paz extraordinária, um gozo contagiante.* Ao invés de ser como as outras mulheres, que se queixam e choram por tudo, e estão sempre tristes e carentes, você emitirá a presença de *DEUS*, você o influenciará sem palavras – não como Eva que o influenciou a se afastar de *DEUS*, mas você o trará mais perto do Pai, e assim, o seu relacionamento fortalecerá e durará até que a morte os separe.

Fazer o que *DEUS* não pediu é trabalho morto, da carne. O mesmo para o seu companheiro – não imite os outros, ou algo que você leu que deu certo para alguém... procure saber o que ele quer e faça. O que uma pessoa gosta é diferente do que a outra gosta, e essa é a arte de agradar ao outro. Homem gosta e precisa se sentir o centro da sua atenção. Não me refiro ao extremo de uma personalidade narcisista, mas do modo com *DEUS* o formou.

**Homem é visual, então é importante que para agradá-lo você se vista bem, se arrume, faça o melhor que você pode com o que *DEUS* lhe deu.** Homem gosta de mulheres piedosas e misericordiosas. Muitas fingem serem boas, mas tudo que escondemos, vem à luz. *Homem gosta de conversas inteligentes que o provocam a pensar, a crescer, a debater o assunto (a não ser que ele seja fútil, nesse caso, ele se sentirá melhor junto a uma mulher frívola).*

*Um elemento fundamental em se esforçar para aprazer o outro, está em Isaias 58, que nos admoesta a gritar bem alto contra o pecado.* Isso requer um desejo maior em agradar a *DEUS* do que agradar a si próprio, pois quando nos levantamos contra o que é mal, nos sujeitamos à rejeição humana, até daqueles que professam amor incondicional e eterno.

Nossa tendência é de não falar nada quando vemos um pecado no outro. A disposição do fraco é fugir do confronto, por medo de ser abandonado, ou por alegria em ver a fraqueza do outro e se sentir melhor que ele.

**Isaias não aconselha-nos a julgar, desculpar, ou excluir...mas gritar como uma trombeta. Por exemplo, ele traz pornografia em casa...você grita como se ele tivesse trazido uma cobra, pois na realidade espiritual ele trouxe um bem grande.** *Lembre-se, isso é diferente de reclamar por coisas que ele não fez.*

Agradá-lo é diferente de mamá-lo como uma mãe. Eles não gostam disso e perdem o apetite sexual, pois quem quer esse tipo de coisa com sua mãe?

Por isso a oração é tão importante; recebemos direção, sabedoria, discernimento do que é apropriado e do que não é.

Quando *DEUS* chamou Gideão, lhe deu instrução do que fazer, Gideão não o fez durante o dia, mas na escuridão da noite. Alguns comentaristas da Bíblia veem isso como sinal do medo de Gideão. Outros veem isso como sabedoria.

Vemos o que somos.

***** *DEUS é o nosso marido* *****

# CAPITULO 08

## O NOME

Nas Escrituras, o Nome e a Pessoa, são inseparáveis.

A palavra nome está relacionada com "o sinal", "a marca". O Novo Testamento, foi escrito na língua Grega, e nesta língua, a palavra Nome ("Onoma" em Grego) é derivado do verbo "conhecer", ou seja, o caráter essencial da pessoa está escrito no seu nome

Adão deu nome aos animais de acordo com suas naturezas (Gênesis 2;19,20). Abraão significa o pai de muitos, Noé significa aquele que traz conforto (Gênesis 5;29), Jesus significa o Salvador (Mateus 1;21), Israel significa aquele que lutou com *DEUS*

Então, Biblicamente, o nome da pessoa descreve seu destino, ou quem a pessoa é ou se tornou, pois quando há uma mudança radical um outro nome era dado à pessoa.

Quando o nome de *DEUS* é mencionado na Bíblia, ele é escrito com muitos diferentes significados:

- El - O primeiro, O forte, O líder. Em termos de fortaleza, poder e extrema excelência. ELOHIM – é o plural de El, se referindo à Trinidade, e à intensidade. Yahweh – A raiz desse nome é, ser, causar. Também conhecido como José. Aparece 6823 times. Adonai – O Senhor, aparece várias vezes com Yahweh. Theos - Kurios (G-d), - Poder (aparece assim mais de 1000 vezes no Novo Testamento) Pai, Abba, Filho, Jesus, - Pão vivo, água da vida. Espirito Santo, - Intercessor, consolador, confortador Criador, Messias, Cristo, Confortador, Luz, Amor, Espirito, Rocha, - A raiz, o cetro, a estrela, Mestre, Rabone – Usado para descrever Jesus. Significa, Meu Altíssimo. O professor que sabe toda a Lei de *DEUS* e é capaz de comunica-la. Pastor – A Porta, a vinha. O nome Baal é usado para descrever *DEUS* como o Dono, o possuidor de nós todos. A raiz desse verbo significa casar-se, tomar possessão, reinar. Esse termo também é usado como ciúme (no sentido de contrato, acordo), e Marido.

Esses nomes foram mencionados do que foi escrito na Bíblia. Se tudo que Jesus fez fosse escrito, não haveria livros, disto concluímos que não há muito mais sobre *DEUS* que ainda não sabemos, e temos a eternidade para continuar conhecendo e sendo fascinado por Ele.

De um modo similar e misterioso, o nosso nome está relacionado com os nossos dons.

*Tomar o Nome de D em vão, significa muito mais do que pensamos.* Em nossas atitudes e ações, quando não acreditamos em Suas promessas e começamos a reclamar de alguém, de uma situação, uma condição, estamos realmente tomando o nome Dele em vão, pois estamos declarando que Suas promessas não são confiáveis.

Aplicando esse mesmo princípio com nosso companheiro, encontramos que as reclamações e queixas estão derrubando e desfazendo o ninho de amor que fizemos juntos.

A pessoa fala do que o coração está cheio, e sendo que nos tornamos naquilo em que pensamos, a mudança de nossas palavras não poderá ter êxito sem uma transformação da maneira como processamos as informações que recebemos.

Estou me referindo a uma sanidade interior tão profunda que afetará da raiz aos frutos que expressamos com palavras.

O profeta Malaquias conta a estória de como os sacerdotes estavam profanando o nome de *DEUS* em vão, e promulgou um dia no qual o nome de DEUS. Fosse homenageado no mundo inteiro.

Tomar o nome em vão está relacionado com hipocrisia. Salmos 26;4 diz para não nos associarmos com hipócritas. Isaias 29;13 diz que *DEUS* odeia o louvor hipócrita.

Ezequiel 33;32-32 ensina que os hipócritas fingem ser devotados a *DEUS* e Jesus disse em Mateus 23;27,28 que *DEUS* tem repulsão aos hipócritas. Lucas 12;1,2 e 20; 46,47 diz cuidado com falsidade na sua vida, pois *DEUS* punirá isso.

**Ninguém gosta de falsidade.**

O que é esse sentimento tão desprezado por *DEUS* chamado falsidade? Isso vai além dos elogios insinceros, isso abrange também o esconder aquilo que a pessoa está realmente sentindo. Claro que não indica uma grosseria insensata, mas, tudo que você é e está sentido e pensado, canalizado pelo fruto do Espírito.

Essa é a verdadeira definição de uma pessoa irresistível, atraente, bonita, e encantadora. Uma mulher assim, não precisa competir com nenhuma outra. Essa é a mulher de verdade, a mulher dos sonhos de *DEUS* e de todo homem na terra: a mulher possuída pelo Espírito Santo. Essa mulher não é mentirosa, não esconde quem ela é, não pretende saber o que não sabe, enganar com falsos sorrisos, esconder a traição com beijinhos desleais.

Todo homem quer ter essa mulher ao lado dele por toda sua vida, pois ele confia nela, ele pode revelar seus segredos para ela, seus temores, suas lágrimas, pois essa mulher é diferente da maioria, ela é uma das raras mulheres de *DEUS* que é totalmente confiável, não esconde-se expressando o que não está sentindo, mas ela expressa tudo que sente através do Espírito Santo de *DEUS*, do fruto do Espírito.

Quais são os frutos do Espírito: Amor, paz, benignidade, longanimidade, alegria, misericórdia, fidelidade, paciência, generosidade.

Esse mandamento está relacionado com a nossa Palavra.

Os versículos que usam esse termo "em vão", quando usam" O nome Dele em vão, quando uma pessoa trabalha em vão, dá dinheiro em vão, edifica a casa em vão...significa: fazer algo inutilmente, imaginariamente, TODO ESSE TRABALHO EM VÃO. TODO ESSE ESFORSO DIZENDO PAI, E no dia do juízo Ele dirá "afasta-te que não te conheço."

Prometer algo, é declarar para alguém que algo vai ou não vai acontecer, afirmando definitivamente que a pessoa pode esperar o que foi especificado.

Tomar o nome de *DEUS* em vão é o mesmo que dar dinheiro em vão, edificar uma casa em vão, se esforçar para entrar no céu e ir para o inferno, se esforçar tanto para ficar junto com o companheiro... em vão pois ele quer a separação, achou outra, perdeu o amor...todo o sacrifício em vão.

O tema do oitavo mandamento é pertinente com a mentira que dizemos para outras pessoas; falso testemunho em corte, espalhar rumores sobre alguém, presumir o motivo pelo qual alguém fez algo, etc.,

Este segundo mandamento, tem a ver com AS MENTIRAS com relação a nós mesmos.

Isso é tão importante para *DEUS* que em Apocalipse, a mentira é o único pecado mencionado com a promessa do lago de fogo como consequência.

*DEUS* é restrito nessa área de promessa.

Quando Abraão estava para matar Isaque, *DEUS* interferiu, pois era só um teste. Mas um homem chamado, Jefté em Juízes 11; 30 a 40, teve que cumprir a promessa que fez a *DEUS* quando disse ao Senhor " *Se fizeres que eu vença os amonitas, eu queimarei em sacrifício aquele que sair primeiro da minha casa para me encontrar quando eu voltar da guerra*". O Senhor lhe deu a vitória, mas a sua única filha foi a que saiu primeiro da casa para se encontrar com ele depois da guerra. Jefté teve que cumprir seu voto diante de *DEUS* e não houve interferência divina. Promessa é realmente uma dívida.

Seja prudente, pense duas vezes antes de prometer algo.

**É mais fácil amar aos que nos aceitam como somos, sem precisar absurdas promessas para impressionar o outro. Quando temos que fingir ser alguém, agradar ou impressionar, nunca dá certo, e ficamos amargurados. Ser quem somos não significa a grossa parte da gente, mas simplesmente o melhor do que somos, o genuíno eu refinado pelo Espírito Santo.**

É impossível se sentir bem ao lado de uma pessoa a quem você tem que fingir ser alguém que você não é para agradar aquela pessoa. É uma delícia quando alguém nos conhece e gosta da pessoa que somos, sem precisar fingir. Mas, isso não quer dizer que podemos fazer qualquer ato atrevidamente desaforado e esperar ser amada da mesma forma. Porque isso acontece? Acontece pois damos prioridades as coisas erradas.

Esse mandamento aplicado nas pessoas, se refere a um irreverencia em palavras e pensamentos insultantes à pessoa, não a levando a sério. Do mesmo modo que nos chateamos com *DEUS* por ter permitido certos eventos na nossa vida, ou certos traços físicos ou na personalidade, quando fazemos isso, estramos dizendo mesmo que *DEUS* não sabe o que faz, e que somos mais sábios que Ele.

Havia um homem chamado Tio, que era um dos maiores ganhadores de almas de seu século. Ele pregava o evangelho de porta em porta, distribuindo panfletos e falando com as pessoas que quisessem ouvir. Um dia uma mulher bateu a porta na cara dele. Sem se intimidar, Tio John sentou-se na varanda desta casa e começou a cantar sobre as gotas de dor que nunca podem apagar a dívida do amor do Senhor.

Poucas semanas depois, esta mulher chorando deu seu testemunho numa igreja que havia se <u>convertido por causa da voz de Tio John cantando aquela música do amor do Senhor...com tanta tristeza.</u>

Muitos pregadores no começo dos seus ministérios, choravam muito durante suas pregações. A preocupação com o destino das pessoas era tão grande que esses homens e mulheres soluçavam enquanto falavam do amor de DEUS. Mas, com o passar dos anos, a vergonha de chorar em público misturado com a influência de uma sociedade que enforca o engano e o esconder os sentimentos verdadeiros, fizeram com que esses pregadores controlassem suas lagrimas de tal modo que seus sermões se tornaram tão seco que apagaram completamente o poder e o impacto que tinham.

Existem mulheres acriançadas, manipuladoras, insensatas, resmungonas, e tolas. **E...existem mulheres inocentes.**

Para o homem, não há nada melhor do que estar ao lado de uma mulher tão madura que não explode de raiva, acusações e reclamações, mas é tão inocente, que não esconde sua dor, vergonha, e erros; *essas mulheres incomuns permitem silenciosamente que suas lágrimas rolem... com uma postura que só reflete....... Jesus.*

***** *DEUS é o nosso marido* *****

# CAPITULO 09

## OS PRAZERES DOS OUTROS DEUSES

*Fomos desenhados por DEUS para estarmos deslumbrados.*

Se a mulher não está deslumbrada por *DEUS* ela vai estar deslumbrada por um homem, **e aí os problemas começam.**

O homem não suporta a mulher que o põe no altar como um *DEUS* e abaixa a cabeça fazendo tudo que ele quer. Quando estamos extasiadas pelo companheiro, isso acontece naturalmente.

Somos corpo, alma, e espírito. Nossa alma pulsa pela paixão. *DEUS* é o supremo prazer, mas quando nossa paixão é um homem, anelamos pelos prazeres que esse homem pode nos oferecer. Temos um vazio dentro de nós que só *DEUS* pode preencher.

Esse vazio toma várias formas. Divertimento, sexo, namoro, qualquer prazer da carne. Se deixarmos nos deslumbrar por essas coisas, não poderemos estar fascinados por *DEUS* pois a alma anelará o que a alma tem fome.

Quando nos inclinamos para o Espírito, desejamos as coisas do espírito.

Para um relacionamento dar certo, é essencial que nosso deslumbramento, fascínio, êxito, paixão, obsessão, anelo, esteja voltado para *DEUS*... ou.... Se voltará para o companheiro, e ele se tornará nosso *DEUS*, nossa idolatria.

O engano que todos caem é de pensar que o prazer da carne (namoro, companhia de alguém para se divertir, etc.) é melhor do que passar tempo com *DEUS*. Pensamos que sempre teremos aquele luar resplandecente, jantares românticos, e toda atenção dele, mas a realidade é uma noite dolorosa.

Temos a tendência de ler as escrituras

identificando-nos como as pessoas boas. Na estória de José e seus irmãos, em Genesis 37;1-11, nós esperamos ser os que estão acima (José), vingados pelos que nos maltrataram.

Lemos a vida de Jacó escolhendo somente os versículos das promessas de bênçãos. Realidade é diferente. A maioria de nós somos Esaú dando lugar aos apetites da carne, escolhendo comida ao invés de jejum... mas Esaú não perdeu tudo, no final ele tinha tanta riqueza quanto Jacó, a diferença, e isso é que temos dificuldade de entender, é o destino que temos, a função.

Jacó, que mentiu e enganou, para conseguir o que queria, perdeu tudo. **Aquilo que tanto queremos se torna numa maldição.** Queremos, não podemos esperar, pela pessoa certa, aí namoramos, quando não esperamos pelo dinheiro, usamos o cartão de crédito, e nos atolamos em dividas.

Recebemos o que damos. Jacó sofreu pelo resto de sua vida José também, os irmãos também da inveja, mas Deus planejou uma vida pacifica para todos nós. No final houve reconciliação. Jacó foi mentido. Muitas vezes perdemos muitas coisas por causa da fraqueza dos outros.

Todos nós passamos por essa fase quando andamos por essa vida arrogantemente, pensando: "nada pode me tocar", "sou a favorita", quando -zap - de repente, alguém nos trai e nos joga numa cisterna.

*DEUS* poderia permitir que o plano de Rubens sucedesse, mas José foi vendido quando Rubens não estava POR PERTO. *DEUS*QUERIA QUEBRAR AQUELA DINAMICA DA FAMILIA POIS Ele também amava os outros irmãos e não somente a José. José estava sendo como Penina era para Lia, ou como Raquel era para Lia. *DEUS* trata com a gente de modo diferente.

Que está sendo nosso ídolo? Nossa fascinação? *DEUS* tratara na nossa vida, de acordo com isso. Ele ama a todos.

Raquel era a mais bonita, mas Lia foi enterrada junto de Jacó, e dela veio Jesus.

*DEUS* poderia ter feito de Jose um primeiro

ministro sem precisar que ele fosse pra uma cadeia. Assim como Daniel, o Faraó teria um sonho difícil de ser interpretado, e José faria o mesmo que fez, mas, <u>quando nos orgulhamos, *DEUS* tem que nos humilhar. Isso é uma lei espiritual, não é pessoal só pra você.</u>

Melhor é se humilhar. Melhor é deixar os ídolos do trabalho, do que querer ser mais que os outros, de querer ter coisas para se amostrar, e ter que ser lançado numa cisterna.

70 % dos remédios que usamos hoje, foram descobertos depois da segunda guerra mundial. Na era de Galileu, 200 anos se passaram antes que um novo elemento químico fosse descoberto; hoje, um novo elemento é descoberto a cada 3 anos. ASSIM COM AS NOVAS FORMAS DE DIVERTIMENTOS E maneiras de satisfazer a essa necessidade de paixão e deslumbramento para enchermos do vazio que sentimos.

Quando eu estava em Jocum, a primeira coisa que me ensinaram foi a não ser guiada pelas minhas emoções.

As emoções podem nos levar ao pecado (Gênesis 4:6)

As emoções podem levar a promessas tolas (Juízes 11:29-40)

As emoções são uma parte da adoração (Esdras 3:1-13)

**Deus anima os que estão acabados**

Salmo 34:18 NTLH Ele fica perto dos que estão desanimados e salva os que perderam a esperança.

**Guarde as suas emoções**

Provérbios 4:23 NTLH Tenha cuidado com o que você pensa pois a sua vida é dirigida pelos seus pensamentos.

**As emoções podem nos transformar fisicamente**

Provérbios 15:13 NTLH A alegria embeleza o rosto, mas a tristeza deixa a pessoa abatida.

**Não se deixe levar por emoções**

Provérbios 19:02 NTLH Agir sem pensar não é bom; quem se apressa erra o caminho.

**Jesus experimentou emoções**

João 11:35 NVI - Jesus chorou.

**As emoções** não são guias confiáveis,

Gálatas 5:1-17 NVI Pois a carne deseja o que é contrário ao Espirito e o Espirito o que é contrário a carne...

**Algumas emoções podem ser pecaminosas**, por isso:

<u>Efésios 4:3</u> NVI Façam todo o esforço para conservar a unidade do Espírito pelo vínculo da paz.

Em juízes 11;29-40 lemos a estória de Jefté que estava tão alegre com a vitória em Mispá que prometeu a *DEUS:* "Se me deres a vitória sobre os Amonitas, eu queimarei como oferta a primeira pessoa que vier ao meu encontro quando eu regressar da batalha". O Senhor lhe deu a vitória, e quando ele regressou a sua casa, a primeira pessoa que veio falar com ele foi sua filha querida. Ele teve que cumprir sua palavra, e ela morreu. Que estória triste.

Se você anela um relacionamento glorioso, aquele que você sempre quis... então se comporte da melhor maneira que você possa...TODO O TEMPO, colocando a *DEUS* acima de tudo...sempre... e.... Expressando quem você é sem mentira ou engano, através do fruto do Espírito. Dessa forma, você terá o amor dele para sempre.

**A maneira mais rápida de destruir a sua casa é destruindo a confiança dele.** *Fale sempre a verdade sem ser sarcástica, sem* *acusar ou fazer ele se sentir pequeno.* Pare de brigar por besteiras. Vá orar e expressar suas frustrações com o Espírito Santo, que é o único que pode transformar sua situação e entender suas lágrimas. Ao invés de criticá-lo (especialmente quando outras pessoas estão presentes), pergunte-se a si mesma: "Que posso fazer diferente? " Onde estou errada? Como posso abordar, responder de outra maneira para manter a paz sem comprometer quem eu sou?

Quando o homem diz que está muito ocupado, ou muito cansado, ele realmente não sente vontade de estar junto de você. Porque? Por que você não é divertida, não faz ele se sentir bem ao seu lado.

Só você pode mudar isso. A culpa não é dele. A nossa tendência é de culpar o outro, mas você é uma mulher diferente, você toma responsabilidade, você constrói sua casa com a sabedoria de *DEUS* você tem o Espirito Santo ao seu lado, ajudando, aconselhando, protegendo...**pense em você como você gostaria que você fosse, e você acabará se tornando essa pessoa.**

Ore sempre para que você seja uma pacificadora e não uma provocadora de brigas.

O homem começa bem interessado, telefona toda hora, faz planos para te ver, deixa tudo pra estar com você... é um amor louco... mas... de repente tudo muda e ele se afasta sem aparente motivo, parece que você fez algo errado, ou que ele conheceu alguém e perdeu o interesse por você... é tão frustrante... <u>É hora de orar. Não é ora de buscar a ele, ou as respostas dele, mas, é hora de procurar a *DEUS* e deixar nas mãos de *DEUS* as vezes, o homem precisa estar sozinho, as vezes pisamos em suas feridas, as vezes o desrespeitamos sem saber, as vezes ele está sendo tentado por outra mulher... quem sabe?</u> Vá orar, pois se você for atrás dele, ele correrá de você, Homem não gosta de mulher que corre atrás dele. *<u>Eles precisam se sentir macho, sentir que a decisão é deles e não sua</u>*.

Lembre-se do namorado mais chato que você teve. Aquele que ficava te telefonando, dando em cima, e quanto mais presentes ele trazia mais nojo você sentia. Você quer ser assim? Quer afugentar o que poderia ser o maior amor de sua vida?

O destino é uma probabilidade. A maneira que abordarmos cada situação poderá incrementar ou dissipar a bênção. É tão importante dizer a ele o que queremos e como estamos sentindo, como deixar ele decidir e dar tempo ao tempo.

Não idolatrar o homem tem muito a ver com deixa-lo decidir por ele mesmo sem pressionar, insistir, manipular... dar tempo a ele é crucial no relacionamento, pois *DEUS* está querendo o seu tempo. Geralmente, quando ficamos em cima dele, é por que não estamos buscando a *DEUS* aí nos sentimos carentes, e jogamo-nos para ele de cabeça, e quando nos quebramos, a dor é tremenda, pois ninguém quer ser responsável pela felicidade de ninguém... "chega pra lá, me deixe em paz", é o único pensamento dele para com você.

Mulher, construa sua casa com oração, confiando em *DEUS* deixando o seu companheiro por um tempo (estou falando de uma atitude).

Para que ele te ame como você quer ser amada, *DEUS* tem que ser o primeiro em sua vida. *O seu deslumbre e paixão e anelo tem que ser para o Senhor, pois se for para ele, você o perderá.*

No mundão, ensinam a pessoa a fazer joguinhos um com o outro dizendo que o homem é o caçador, e tem que se sentir assim para gostar da mulher... isso é simplesmente humanismo, de pessoas pagãs... a realidade é que sem *DEUS* em primeiro lugar, damos lugar a outros deuses e quando colocamos alguém no pedestal, estamos louvando esse alguém, estamos dando poder a esse alguém para nos tratar de qualquer forma, estamos dizendo: você aí no pedestal é maior e melhor que eu, que posso fazer pra te servir e ter seu amor? E começa a fazer perguntas que todo homem detesta "está tudo bem entre a gente? Que você tá pensando? Tá zangado comigo? Que foi que eu fiz? Te magoei? Fale comigo. Porque você não me liga mais tem outra mulher né? Seu cafajeste... e aí começa.

Então mulher de *DEUS*... nem comece. Não faça nenhuma pergunta assim. Pergunte tudo a *DEUS*, se derrame no Senhor, não nele, pois ele se irritará e começará a se afastar de você.

Que maneira de pedir pra ser humilhada e abandonada, pois do altar aonde o colocamos como a um deus, o homem nos vê – *inferior.*

*DEUS* nos fez iguais em valor com posição diferente. O homem não é melhor que nós, não é um *DEUS* então tire ele do pedestal e bote o Senhor *DEUS* trate seu companheiro com amor e respeito, mas... acima de tudo, com dignidade.

Quando *DEUS* está acima, em primeiro lugar, Ele nos satisfaz de modo como nenhum homem pode. Consequentemente, nos sentimos alegres, felizes, de verdade, e isso é incrivelmente atraente para um homem. É o sonho de todo homem estar ao lado de uma mulher genuinamente feliz. Ela não precisa dele para estar alegre, e isso é um alívio para o homem, que não quer essa responsabilidade pois ele sabe que falhará, por isso, quando a mulher está feliz (pois *DEUS* está no seu pedestal), ela se torna como o mel, e o homem se torna a abelha.

Felicidade atrai felicidade.

Pense bem... se você não tem talento nenhum pro cantar, tem uma voz desafinada e horrível, você entraria numa competição de música? Claro que não. Você sabe que seria um fracasso, e automaticamente não se candidataria ao ridículo, que causariam feridas de rejeição, humilhação.... Ninguém quer se sentir assim. Quando o homem percebe que a mulher não é feliz, ele pula fora também.

O homem sabe que não pode ser o causador da sua felicidade. Ele sabe que você nunca será a causadora da felicidade dele. **Somos felizes porque *DEUS* é o nosso deslumbramento**. *Isso nos torna misteriosas, independentes, belíssimas.*

O homem sabe que quando ele não tem trabalho, não está ganhando dinheiro, ele se sente frustrado e mulher nenhuma pode fazê-lo feliz. Ela pode ajudá-lo a sentir-se melhor, com elogios sinceros, suporte, apreciação, (a mulher pode ajudar a fazer um mendigo se tornar um homem de negócios, e estável financeiramente) mas nunca poderá ser o que *DEUS* é pra ele. Ele pode até não saber disso, como os mundanos que procuram encher esse vazio com sucesso financeiro, ou estatuas na sociedade, mas o homem de *DEUS* sabe que o relacionamento com *DEUS* é que o faz completo. Da mesma forma a mulher está satisfeita quando *DEUS* é o seu alvo de sua afeição.

Isso se refletirá em pequenas coisas, atitudes, palavras... por exemplo: ao invés de se queixar que ele nunca mais te convidou para sair, você pode dizer pra ele: ouvi dizer que tal restaurante é muito bom... que tal se fossemos lá no próximo sábado?

*Você se tornará a mulher confidente e alegre que todo homem anela ter ao seu lado.*

Claro que ainda que *DEUS* está em primeiro, o homem precisa saber que o amamos verdadeiramente, e isso tem que ser demonstrado com palavras e ações. O homem não derramará seu amor para uma mulher que ele não tem certeza se a ama da mesma forma. As vezes acontece, pois não escolhemos a quem nos apaixonamos, mas estou falando de um compromisso.

Precisamos um do outro e é gostoso ser precisado, mas não com insegurança e idolatrizando o outro.

Finalizo com a importância de estar sempre bem arrumada, cheirosa, e feminina.

Um erro frequente das mulheres, é pensar que porque são cristãs, DEUS não deixará que seus maridos a abandonem.

Tome conta do templo do Espírito Santo com uma excelente higiene diária. Não são as roupas caras que prenderão seu companheiro, mas as roupas limpas, cheirosas, e bem passadas. Não precisa gastar o que você não tem em salões caros e manicures arrojadas, basta que suas unhas estejam cortadas, e limpas.

As coisas simples da vida são as mais deliciosas.

***** *DEUS é o nosso marido* *****

# CAPITULO 10

## <u>COMO AMAR-SE</u>

Um dia, uma tribo de índios, brincando, disse a um homem que lhe daria a quantidade de terras que ele pudesse caminhar em 24 horas. No dia seguinte, acordando bem cedo, esse homem, William Penn, começou a caminhar até que o cansaço e a dor nas pernas o fez parar. Os índios ficaram surpresos, pois não estavam falando sério, mas, para guardar a promessa feita, deu ao homem o território andado, que é hoje a Cidade de Filadélfia nos Estados Unidos.

*Quanto mais a Palavra de DEUS....*

As promessas de *DEUS* são para todos; Ele nunca muda, nem mente, nem tem preguiça de fazer o que prometeu.

Ele prometeu que se o colocássemos em Primeiro Lugar, tudo daria certo na nossa vida, todas as outras coisas seriam acrescentadas.

Todas as coisas incluem a necessidade básica do ser humano – ser amado.

*Fomos criados para o amor.*

Mas, quando temos baixa autoestima, fazemos da nossa vida, e da vida dos que estão ao nosso redor, uma tortura.

**A mulher que não se ama, derruba a sua casa**.

O que é a baixa autoestima? É a constante ansiedade, e procura, da afirmação dos outros.

Esse comportamento pode tomar várias formas dependendo da personalidade da mulher, e de quanto ela aprendeu a esconder seus sentimentos, mas, basicamente, a mulher pode ser a mais bonita do mundo, e se achar feia. Ela analisa minunciosamente o que o seu companheiro faz em relação a ela; cada palavra, tom de voz, ação, etc. Fazendo comparações irracionais, e exigências de acordo com o que essa pessoa determina o que é uma expressão de amor, e o que não é.

A mulher que sofre de baixa autoestima está sempre se defendendo, se desculpando, e se esforçando para ganhar o amor dele, mesmo quando ele já está morrendo de amores por ela; esse comportamento absurdo de se magoar por besteirinhas, enraivecer e enciumar atoa, o leva para bem longe, pois ela se começa com pequenas indelicadezas, mas, progressivamente se torna atrevida, desaforada, grosseira, e as vezes até hostil e incivil. O problema maior é que ela é incapaz de admitir os próprios erros porque está sempre com receio de errar e de ser rejeitada, consequentemente ela principia uma serie de comportamentos inadmissíveis para o homem, pois *ela se desculpa, se defende, acusa e critica enfim, ela começa a se destruir... na sua própria casa... sem precisar da ajuda de ninguém.*

**Só quem admite seus erros prospera.**

A mulher que não se ama, tem medo de

expressar o que deseja, tem medo de magoar os outros, tem medo de ser rejeitada, e por isso ela se torna falsa, não fala a verdade, esconder o que realmente sente, e consequentemente se torna vítima de mal tratos, e substitui a comunicação franca e saudável com insinuações, e indiretas. O problema é que o homem não entende o abstrato como nós, e muitas vezes nem percebe a indireta, e quando a mulher não recebe o que ela pensa que ele deve adivinhar, ela se chateia, ele não sabe o porquê e pensa: "essa mulher é louca".

Nessa fase, alguns homens são compreensivos, e tentam entender, outros se tornam abusivos, mas como ela tem uma inapropriada tolerância pelo comportamento dos outros por medo de ser abandonada, por acreditar que não é digna, e por não se respeitar, ela recebe o abuso como se merecesse, o que faz o homem ainda mais enojado dela, e a violência aumenta.

Até aqui, ele nem percebia que sua princesa, o amor de sua vida, a mulher que ele admirava, teria esse comportamento tão repulsivo.

_Infelizmente, por mais espiritual que ele seja, ele começa a olhar ela de outra maneira..._ Oração e jejum aqui tem que ser violento, pois essa é uma guerra que requererá sanidade interior, e muito exercitar o trocar de pensamentos – ao invés de se ver horrível, você tem que se ver linda. **Entre nessa guerra impetuosamente, ou você perderá o respeito e admiração dele. Só DEUS pode transformar as feridas gemadas na infância e enraizadas no fundo da nossa alma.**

O pior a fazer aqui nesse ponto, é ir a outra pessoa e se queixar dele, _fofocando do próprio companheiro. Mais cedo ou mais tarde ele descobrirá, e essa descoberta será pior que veneno,_ pois ele se sentirá atraiçoado e não poderá mais confiar nela, se fechando completamente. Ela percebendo que ele se fechou, começa a cutucar ele para se abrir, e as brigas começam, e o romance termina.

Aonde isso começou? No medo de falar a verdade, no medo de ser sincera, sem indireta, sem fofoca, sem choro, sem gritos, manipulação ou exagero.

Esse medo é camuflado, podendo tomar várias formas. Algumas mulheres vão ao extremo de até não querer ir à escola por pânico de fracassar, outras fogem de grupos e festinhas por receio de dizer algo errado, e a maioria vivem a vida incapazes de tomar uma decisão, aceitando o que vier sem força para dizer não, não quero isto, e se encostam nos outros para tomarem suas próprias decisões.

Por causa do medo, escondem a vergonha e aparentam estar seguras, mas por dentro é um caos desesperado, e a vergonha de ser descoberta é insuportável.

A raiz desse medo é a crença de que ela é inferior, e que não merece, que não tem direito de ter o que anela, de expressar suas opiniões, aí sente essa ansiedade camuflada e pavor de ser abandonada... começam a ofender, ser grotescas sem se dar conta, as vezes dominam a conversa, fazem os outros se sentir mal.... Mas não faz isso de propósito, e se chateiam amargamente quando vê a reação negativa que ela mesma provocou. Tudo isso por que elas simplesmente não desenvolveram a habilidade de ver as coisas como elas são. Choram por dentro e passam um sofrimento angustiante pois como a Bíblia diz**... aquilo que mais temiam, aconteceu, e novamente estão sozinhas e abandonadas.**

*Provérbios 21;23 NTLH*

"Se você não quer se meter em dificuldades, tome cuidado com o que *diz*"

*A sabedoria te igualará a qualquer poder que lhe oponha.*

**Já percebeu que quando tomamos decisões baseados em colocar a *DEUS* em primeiro lugar, honrando às pessoas, tudo vai bem?**

**Não precisa perguntar aonde ir, só precisa tomar decisões honestas, e esses passos serão os melhores que a levará ao seu destino mais alto.**

Havia uma mulher que vivia em Virginia, e tinha 3 filhos. Depois que seu pai e seu marido morreram, quando seus filhos estavam no primário, a mãe começou a agir com seus filhos como se fosse uma amiga da mesma idade. No decorrer dos anos, os filhos notaram que enquanto eles cresciam a mãe ficava mais nova. Os psiquiatras chamam isso de regressão de personalidade. Essa mulher regredia 1 ano em idade para cada 3 ou 4 meses de vida. Era 61 anos de idade mas falava e andava como uma criança de 6 de idade. Com um ano de idade, ela só bebia leite, engatinhava como um bebe, finalmente morreu.

Não sejamos assim, regredindo espiritualmente, perdendo o primeiro amor.

Salmos 7;14 explica sobre a engravides da irritação dando a luz à falsidade. Ter relações (sexuais) com o pecado provoca a gestação do engano, e a mulher começa a parir miséria para si.

### Tiago 1;15 NVI

*"Então a cobiça tendo engravidado, dá à luz o pecado..."*

Quando a mulher está grávida da maldade ela dá a luz a mentiras e outros pecados.

## Salmos 7;14-15 *NVI*

"Quem gera a maldade, concebe sofrimento e dá à luz a desilusão.

Quem cava um buraco e o aprofunda cairá nessa armadilha que fez"

Esse esperma do mal entra pela racha dos olhos, ouvidos, ovários e boca. Grávida = ter uma opinião, imaginar, especular, meditar, notar, acreditar, suspeitar, julgar, sentir, conceder.

Temos que aprender a expressar o que esperamos das pessoas pois quando crianças estabelecemos padrões e crescemos esperando que todos sigam esses mesmos padrões. Daí os mal entendidos ocorrem

Ore que você compreenda as dicas deixadas pelos outros pois os outros não podem saber ou adivinhar se você não comunicar o que quer.

Amar a *DEUS* em primeiro não quer dizer que menosprezar os outros é aceitável.

*DEUS* ofereceu a Moises autonomia na terra prometida depois de matar todos os israelitas que murmuraram. Moises não aceitou. Moises implorou a D pelo povo. Abraão implorou a *DEUS* pelo povo.

*DEUS* chamou esses dois homens tão perto que se tornaram amigos de *DEUS* aquele a quem *DEUS* conversa cara a cara. Isso aconteceu DEPOIS que esses homens intercederam pelo povo.

Há uma atração muito grande entre *DEUS* e uma pessoa que não é ciumenta, alguém que realmente faz tudo pelas outras pessoas.

*DEUS* não quer ciumentas pessoas ao redor dele.

O INIMIGO NÃO PODE AGUENTAR O AMOR DE *DEUS* PARA COM TODOS. ELE QUERIA SER ESPECIAL.

*DEUS* disse: "Moises, eu mato todos eles, e coroo você..." Moises disse: "De jeito nenhum". Isso pode ter sido um teste de *DEUS*.

Que esse seja o tema de sua vida; amar

sem inveja. Amar deixando o outro livre para escolher. Amar com respeito. Amar com agradecimentos. Amar sem queixas ou ressentimentos. Amar de todo coração.

**A sanidade começa com o perdão.**

Muitas pessoas tiveram a visão de si mesmas deturpada desde criança por causa de avós, autoridades, e outras pessoas da família. Não importa o que aconteceu, pois esse trauma pode ser curado e sua autoestima ser restaurada, para que você possa se sentir digna, amada, respeitando-se a si mesmo, pois basicamente, os outros nos trataram como nós tratamos a nós mesmos.

**Se você está mentindo para impressionar**, balançando o coqueiro pra ser elogiada, provocando discussões, tentando se vitimar para conseguir simpatia.... Os resultados não serão o que você espera.

Manipulação emocional começa quando os pais maltratam os filhos, não dá afeição, criticam repetidamente, a criança cresce assim, afeta a ambição da pessoa, sua criatividade, sonhos, segurança, tudo que precisamos para vencer na vida.

Se alguém a trata bem ela confia nessa pessoa cegamente... isso abre a porta pra que ela seja abusada de todas as maneiras. Ela começa a elogiar o outro excessivamente, fazer estória na própria cabeça sobre o comportamento dos outros sem fundamento,

**Quando interpretamos os comentários alheios erradamente por causa da crença que temos de nós mesmos, temos que parar e procurar ajuda**, fica testando o comportamento dele, querendo que ele adivinhe o que ela quer, tem dificuldade de fazer e cumprir sua palavra, começa a criticar excessivamente, e assim derruba a sua casa por falta de amor próprio.

*Quando DEUS escreveu os 10 mandamentos, Ele colocou em primeiro lugar o amar a DEUS sobre todas as coisas, e amar ao próximo como a si mesmo.*

Se não amamos a nós mesmos, teremos muita dificuldade em amar e nos relacionar com os outros. Mas...há esperança no poder sanador do Espírito Santo de Jesus.

PROVÉRBIOS 9 NTLH- A Sabedoria construiu a sua casa sobre sete colunas.

PROVÉRBIOS 24; 3-4 NVI -

Com sabedoria se constrói a casa, e com discernimento se consolida. Pelo conhecimento os seus cômodos se enchem do que é precioso e agradável.

PROVÉRBIOS 24;5-7 NTLH- Ser sábia(o) é melhor do que ser forte; o conhecimento é mais importante do que a força. Afinal, antes de entrar numa batalha, é preciso planejar bem, e, quando há muitos conselheiros, é mais fácil vencer.

A pessoa sábia é poderosa.

E quem tem conhecimento aumenta a sua potência.

Porque é pela orientação sábia que você vencerá essa guerra...

*Uma mulher inteligente pode derrubar uma cidade defendida por homens fortes e destruir as muralhas que eles confiavam. Medite e Memorize Provérbios 21;22.*

**\*\*\*\*\* DEUS é o nosso marido \*\*\*\*\***

Isaías 54;5

# FIN